어디서 왔소?

활안큰스님의 선禪 법어집

활안 큰스님의 선禪 법어집

어디서 왔소?

1판 1쇄 펴낸 날 2014년 1월 1일

엮음 김성우 발행인 김재경 교정·교열 이유경 편집디자인 최정근 마케팅 권태형 인쇄 보현피앤피

펴낸곳 도서출판 비움과소통 서울시 영등포구 영등포동7가 29-126 포레비떼 705호 전화 (02)2632-8739
팩스 0505-115-2068 이메일 buddhapia5@daum.net 트위터 @kjk5555 페이스북 ID 김성우
홈페이지 http://blog.daum.net/kudoyukjung 출판등록 2010년 6월 18일 제318-2010-000092호

ⓒ 김성우, 2014
ISBN : 978-89-97188-48-2 03220

어디서 왔소?

활안 큰스님의 선禪 법어집

김성우 엮음

비움과소통

본래 구족한 마음의 경전이
빛을 발하도록 하라

모습은 늙어 가는데
마음은 계속 젊어지니 이를 어쩌면 좋으냐,
시간과 공간은 늙어가도
내 본성(本性)은 계속 새로워지는구나.

옛날에는 책이 나오기 위해서 10년 이상 수정을 거듭했
다. 요즘은 책이 쉽게 나오는데, 그것을 보면 도인(道人)
이 쉽게 되는 시대인가 보다. 쥐 잡으려다 독아지 깨듯, 책
을 만드는데 너무 성급하지 않았는지 돌아볼 일이다.

사람마다 한 권의 경전이 있는데(我有一卷經)
그것은 종이나 활자로 된 게 아니다(不因紙墨成)
펼쳐보아도 한 글자 없지만(展開無一字)

언제나 환한 빛을 발하고 있네(常放大光明).

문자로 된 책이 아무리 뛰어나다 해도 언어도단(言語道斷: 말길이 끊어지고)하고 심행처멸(心行處滅: 마음 갈 곳이 없다)한 자리를 드러낼 수는 없다. 그러니, 사람마다 본래부터 원만히 구족(具足)하고 있는 마음의 경전이 빛을 발하도록 하라.

깊은 도 통달한 일 할(喝: 고함소리)로 모든 근기 굴복시키고(通玄一喝 萬機伏)

언어 이전의 큰 기틀로 법륜을 전하도다(言前大機 傳法輪)

법계의 달빛이 한 손바닥에 밝았으니(法界長月 一掌明)

만고의 광명이 다함이 없네(萬古光明 長不滅).

이 책을 통해 전 국민이 마음 근본으로 돌아가기를 기원한다.

2007년 2월 7일

조계산 천자암에서 활안(活眼)

'불립문자(不立文字)'를 깬
활안 선사의 법어집

"어디서 왔소?"

조계종 원로의원 활안 스님(송광사 천자암 조실)은 천자암을 찾아오는 불청객에게는 출·재가를 막론하고 이런 질문으로 첫 인사를 건넨다.

물론 이 말에는 "그대의 본성은 어디에 있는가?"란 이중적인 의미를 담아 수행자를 시험하는 노림수가 담겨져 있다. 여기서 여차 잘못 대답하거나 조금 아는 체를 한다든가 하면 친견은 고사하고 곧바로 쫓겨나기 일쑤다. 그래도 조금 싹수가 보이면 공양간에서 공양(절밥)이나 들고 가라고 한다.

이 관문을 통과하지 못해 인터뷰도 못하고 하산한 기자들이 부지기수다. 설혹 인터뷰를 시작했다 해도 곧 몇마디 질문도 못하고 조실방을 나와야 한다. 질문과 대답이 어느 정도 착착 죽이 맞아야 인터뷰가 이어지는 것이다. 그래서 방송·언론사 기자나 PD들이 가장 취재하기 어려운 큰스님으로 꼽히는 분이 바로 활안 스님이다.

기자들이 큰스님과 인터뷰할 때 가장 난감한 부분은 불교나 선(禪)에 대해서 잘못 질문을 했다가는 대답은 커녕, 방망이만 맞고 쫓겨나기 쉽다는 점이다. 선(禪)이 무엇이고, 어떻게 닦아야 하며, 깨달음이 무엇인지 하는 고리타분한 질문은 한마디도 할 겨를이 없다. 활안 스님은 주로 나라의 안위와 민생 걱정을 화제로 대화를 이끌어 나가시기 때문이다. 그러면서도 스님은 끝끝내 불법에 대해서는 한마디도 하지 않으신다. 세상에 드러난 선사임에도 불구하고 참선이니, 수행이니, 화두니 하는 말을 한마디도 입에 대지 않는 것이다.

잔뜩 질문거리를 준비해 온 기자들은 순간, 당황하기 마련이고 안절부절하지 않을 수 없는 것이다. 그러나 한편으로는 역시 대선사 다운 불립문자(不立文字: 불교의 깨달음은 마음에서 마음으로 전하는 것이므로 말이나 글에 의지하지 않는다는 뜻)식의 응대에 탄복하지 않을 수도 없다. 부처님께서도 팔만 대장경을 설하시고도 "한마디도 설한 바 없다"고 하셨듯이, 선(禪)에 대해 이러쿵 저러쿵 말한다면 이미 어긋나 버리고 마니, 차라리 딴 소리를 하는 게 낫기 때문이다. 그래서 고인은 "길에서 도(道)를 아는 사람을 만나거든, 무엇보다 도에 대해서 말하지 말라." 했던가. 오죽했으면, 임제 선사는 경전과 어록을 '똥 닦는 휴지'라 표현했을까.

예로부터 선사들은 "불교의 대의가 무엇인가?"라는 질문을 받으면, 흔히 평상(平常)의 사물이나 일로 대답을 대신하곤 한다. 예를 들어, 찻잔을 들고 "차나 마시라" 하거나, 밥을 먹었으면 "설거지나 하게"라거나, 날씨가 더우면 부채를 흔들거나 하며 불법의 전체작용(全體作用)을 보여주는 것이다. 불법이 일상사를 떠나 있다면 그것은 불완전한 진리이기에, 평범한 생활 속에서 언제 어디서나 주인이 되어 깨달음을 실현할 수 있어야 하는 것이다. 임제 스님이 "도를 배우는 벗들이여! 불법은 애써 공을 들여서 하는 것이 아니다. 그저 평상대로 아무 일 없는 것이다. 똥 싸고 오줌 누며, 옷 입고 밥 먹으며, 피곤하면 눕는 것이다. 어리석은 사람들은 나를 비웃겠지만 지혜로운 이는 알 것이다." 라고 한 것도 이런 의미에서 나온 법문이다.

역대 조사 스님들의 대기대용(大機大用: 큰 기틀 큰 마음의 큰 작용)과 마찬가지로 활안 스님 역시, 깨달음을 구하는 수행자들에게 평범한 일상을 화제로 평상심시도(平常心是道: 평상심이 바로 도이다)를 일깨우거나, 수행자의 마음상태에 따라 고함을 치거나, 절에게 쫓아내는 극약처방을 내리기도 한다. 활안 스님이 신문사와 방송국 기자들이 찾아올 때 불교에 대해서는 거의 언급을 하지 않고 나라와 국민의 평안을 화제 삼아 말씀하는 것도 이 때문이다. 설혹 기자들이 끈질기게 불교의 깊은 도리를 일러 달라고 요청해도,

"그동안 법문은 수도 없이 했지 않나. 실천하지 않는 법문 들어서 뭣해!"라며 인터뷰를 중단하는 까닭은 불교에 입문해 배운 것 하나라도 실천한다면 그것이 요긴한 '법의 문[法門]'이라는 스님의 일구(一句)인 것이다. 실천이 없는 불교, 이타행(利他行)이 없는 자리행(自利行)은 절름발이 수행일 뿐이기 때문이다.

그럼에도 불구하고 이 책에는 활안 스님의 대중 법문과 언론과의 인터뷰, 구도기가 일목요연하게 기록되어 있다. 평생 일체의 법문을 문자로 기록하는 것을 허락하지 않았던 활안 스님이 법문집 발간을 허락한 것은 중생제도의 방편상 베푼 큰 자비심이라 할 수 있다. 때문에 스님의 첫 선(禪) 법문집 『여보게, 설거지는 했는가』는 활안 선사의 수행과 사상, 언행을 엿볼 수 있는 유일한 기록인 셈이다. 한국을 대표하는 노 선사의 불립문자의 가풍을 엿볼 수 있는 이 책은 '언어도단 심행처멸(言語道斷 心行處滅: 말 길이 끊어지고 생각이 갈 곳을 잃음)'의 자리로 들어가는 문없

는 문의 관문이 될 것이다. 혹, 얼토당토 않은 사족이 보인
다면 이는 전적으로 필자의 눈이 어두운 탓이기에 대덕
(大德), 큰스님들의 아낌없는 채찍질을 기대합니다.

　삼세의 모든 부처님과 역대 조사, 대덕님들, 인연 닿은
도반님들의 바다와 같은 은혜에 엎드려 절하면서, 더욱 정
진하여 부처님 가르침대로 회향하며 살 것을 서원합니다.

2013년 12월 22일(동지)

푸른바다(蒼海) 김성우(金聖祐) 두 손 모음

| 목차 |

3부 · 세상을 향한 사자후(獅子吼)

어디서 왔소?

활안 큰스님의 선禪 법어집

1.
활안 선사의
삶과 깨달음

법계의 달빛이 한 손바닥에 밝았으니

"네 설거지나 잘 하고 살아라."

천자암 조실 활안 스님은 스님이나 불자들이 깨달음이 무엇이며, 어떻게 닦아야 하는가란 질문을 해올 때면 이렇게 퉁명스레 답하시곤 한다. 깨달음을 찾고 구하면서 요리조리 따지고 망상하고 분별하고 집착하는 너의 전도(顛倒)된 생각부터 비워서 설거지하라는 가르침이다.

천자암에서는 언제 어디서 누가 찾아오든 즉석에서 '설거지 법문'과 같은 법거량이 펼쳐지곤 한다. 점심공양 시간에도 멀리서 마음의 짐을 가득 진 불자들을 보게 되면 스님은 농을 담은 질문을 던지곤 하신다.

"처사는 머리가 반짝반짝 하는 걸 보니 빛이 많은가봐. 어디가면 대우받겠어. 기자 양반은 절에 산 적이 있어 없어. 밥은 얻어먹을 실력은 돼?"

머뭇 머뭇하는 거사들을 향해 또다시 스님의 할이 떨어진다.

"절밥 얻어먹는 것을 귀중히 알아야 해.

공양시간을 막론하고 노동, 산책하는 시간도 평상심시도(平常心是道: 사량·분별하지 않는 평상의 마음이 바로 도이다)의 진리를 체현하도록 일깨우는 것이 스님의 자비심이다. '그대가 바로 부처'임을 스님은 평범한 말과 행동으로 끊임없이 일깨우는 것이다. 물론 평범 속에 비범을 담은 그 깊은 도리를 알아듣는 후학들이 많지는 않다.

천자암에서 이러한 생생한 법거량이 언제나 펼쳐질 수 있는 것은 스님이 세간과 출세간의 문을 활짝 열어놓고 있기 때문이다. 아니 세간이니, 출세간이니 하는 구분자체가 없다는 말이 옳을 것이다. 그래서 누구든 문을 열고 들어와 스님에게 법을 구하고 문답을 나눌 수 있다. 그러나 그

문답이 사구(死句: 죽은 말)나 기행(奇行)으로 떨어지면 "이 멍충아!", "이 거지야!"는 고함과 함께 여지없는 벼락이 떨어진다.

스님은 가풍(家風)은 임제, 덕산 선사의 그것처럼 할과 방의 거친 언행 속에 깃들어있다. '백척간두서 진일보' 한 수행자만이 가질 수 있는 활발발한 자재(自在)의 자리를 여여(如如)하게 누리고 있기 때문이다. 금오 선사의 법을 이은 월산 스님을 은사로 수계득도한 후 청량선원, 칠불암, 범어사, 용화사등 제방선원에서 전강 구산 향곡 스님 등 당대의 선지식 회상에서 거량하며 허상과 본래면목을 바로 보는 안목을 갖춘 작가(作家)의 풍모 그대로인 것이다.

언제 어디서나 예리한 취모검의 기봉을 드러내는 활안 스님의 풍모는 늘 제자들과 신도들을 압도하기 마련. 때문에 가까이서 스님을 모시며 공부하는 상좌들은 한결같이 이렇게 스승의 일상적인 가르침을 요약한다.

"수행자는 범사에 철저해야 한다는 평범한 진리를 일평생 그대로 실천하고 계십니다."

평생 서릿발 같은 엄정함으로 일관한 노 선객(禪客)의 모습을 확인할 수 있는 대목이다. 생과 사의 근원과 생사로부터의 해탈 방법을 묻는 제자와 수행자들에게 스님은 평상시의 생활 속에서 철저할 정도로 무섭게 그 허상을 박살내고 진상을 깨닫도록 채찍질 하는 것이다. 그러나 스님이 보기에 요즘의 수행자들은 간절함과 용맹심이 부족해서인지, 늘 아쉽게만 느껴진다. 항상 불법과 자기자신을 의지해 수행하려 하지 않고 누군가에게 구걸하듯이 법을 구하고, 거기에 의존하는 모습을 보이기 때문이다. 그래서 스님은 자주 "이, 거지야!" 하며 그런 습성을 버리고 자기가 본래 부처임을 자각하도록 일깨운다. "자기식대로 공부해야만 견처의 끝자락이라도 만질 수 있다"고 생각하는 스님은 수행자는 모름지기 자기자신에 엄격해야 한다는 당부를 잊지 않는다.

물론 후학들에게 일러주는 이러한 당부는 철저하게 몸소 보여주는 실천행으로 더욱 무게 있게 다가온다. 겨울나기 준비를 할 때면 스님은 손수 벌목할 나무를 골라 엄동설한(嚴冬雪寒)에 대비한다. 거의 매일 훨씬 나이가 젊은 대중들과 운력을 함께 하는 것도 말없는 가르침이다. 평상심을 실현하는 삶에 나이와 승속, 나와 너의 구별이란 무의미하다. 절대 평등의 본분사(本分事: 본래 성품을 깨달아 대자유를 누리며 사는 일)를 실현하는 수행자의 삶은 늘 평범 속에서 진한 연꽃의 향기를 발하는 법, 스님은 일상의 삶속에서 깊은 견처를 영원한 법신의 아름다운 작용을 통해 몸소 보여주고 있는 것이다.

나고 죽음이 없는 본래 성품은 형상이 없기에 찾으면 찾을 수록 찾기 어렵지만, 찾지 않으면 육신의 작용을 통해 오롯이 그 본래모습을 드러낸다. 성품을 깨달은 이의 일상사 전부는 깨달음이 드러나는 순간순간이 아닐 수 없는 까닭이다. 그래서 일과 수행이 둘 아닌 스님의 하루 일과는 행주좌와 어묵동정이 그대로 깨달음의 여정임을 확인시켜 주는 무언의 법문이라 해도 과언이 아니다. 팔순이 넘은 세수에도 스님은 일을 할 때도 정진하듯 매진하며 새벽 2시에 일어나 도량석을 돌며 예불목탁까지 직접 잡는다. 심지어 젊은이들도 힘에 겨운 농사를 손수 짓는다. 여름에는 고추농사, 가을에는 추수를 하고, 겨울에는 손수 나무를 하니 젊은 수행자들도 혀를 내두를 정도의 기력을 보여주신다.

이러한 수행가풍에 따라 천자암은 어느 대중사찰보다 일과시간이 촘촘하게 짜여 있다. 새벽 2시에 도량석을 시작, 새벽 3시에 예불을 마친다. 이후 스님은 새벽 5시 30분까지 무주고혼의 영가천도 기도를 한다. 오전 6시에 아침공양을 마치면 '일일부작(一日不作)이면 일일불식(一日不食)'의 「백장청규」에 따라 노동을 한다. 30년이 넘게 송광사 천자암에 주석하면서 수시로 찾아오는 제방의 수행자를 제접한다. 하루 일과를 마친 스님은 오후 8시쯤에 잠자리에 들어 2시간 30분만 주무시고 오후 10시 30분부터 수행 일과를 시작하신다. 새벽 2시까지 참선과 기도를 하시는 큰스님은 팔순이 넘은 고령에도 직접 도량석과 조석예불, 천도재를 주관하시니 고금(古今)에 보기드문 정진력이 아닐 수 없다.

이처럼 출가후 60여년을 한 치의 흐트러짐 없이 참선과 기도로 정진하는 수행력은 젊은 제자들에게 무언의 큰 가르침이 되고 있다. '수행자는 터럭만큼의 안일함에 빠져서는 안된다'는 평소 큰스님의 말씀은 곁을 떠나 있는 제자들과 신도들에게도 생활의 좌표가 되어 있다.

이렇게 열심히 정진하고 노동하고 근검절약하는 생활은 일상 속에서 자기를 비워가는 하심(下心) 공부가 이어지고 있음을 보여주는 것이다. 스님이 법을 물으러 찾아오는 후학들과 재가불자들에게 "수행을 게을리 하면 아상(我相)이 높아진다"면서 아상을 늘 주의하고 정진에 추호의 틈도 보이지 말 것을 강조하는 것도 이 때문이다. 또 "일하지 않으면 먹지 말고, 기도를 하든 가람수호를 하든 항시 부처님에게 빚을 지지 말아야 한다"면서 부끄럽지 않은 불제자가 될 것을 강조하는 것도 기본에 충실한 수행자를 키우기 위한 스님의 지극한 배려심이 깃들어 있음을 알 수 있다.

이렇듯 빈틈 없는 스승의 면모를 보여주시는 큰스님은 후학들에게 좋은 공부 안내자이시지만, 그렇다고 엄하기만 한 것은 아니다. 때로는 때묻지 않은 천진무구한 어린아이처럼 천진불(天眞佛)이 되시기도 하고, 재미있고 편안 한 법문과 덕담으로 인연 있는 이들에게 자상한 아버지의 모습을 보여주기도 하신다. '活眼'이라는 법호에서도 느낄 수 있듯이 스승으로서의 기상과 기품은, 가르침만 높을 뿐 실천이 미약하여 아만과 번뇌가 더해가는 요즘 시대에서 수행자들이 지녀야할 안목과 자세가 어떠해야 하는가를 보여준다. 평생을 무소유의 정신으로 흐트러지지 않는 수행을 보여준 큰스님은 수행자들에게 불교의 참 뜻을 스스로 되새기도록 만드는 힘을 가진 것이다.

활안 스님은 1926년 음력 3월 13일 전남 담양군 용연리에서 부친 진양 강(姜)씨 경삼(京三)과 모친 경주 김(金)씨 사이의 6남1녀 중 막내로 태어났다. 출가 전 이름은 규성(奎晟)이다.

늦둥이 규성은 여섯 살 때부터 남달리 총명한 아이였다고 한다. 한번은 할아버지, 할머니 제사를 지내는데, 다섯 살 더 많은 규성의 누이가 제사상에 음식을 갖다 내는데, 낮에 먹다 남은 김치를 갖다 놓았다. 그걸 보고 어린 동생이 이렇게 말했다.

"아버지 아버지, 어머니 어머니, 할머니 할아버지 제사 지내는 날 새 것, 좋은 것 갖다 놓아야 안 돼요?"

여섯 살짜리가 이런 조숙한 말을 하니까 부친이 좋아서 "저놈의 가시나가 동생만도 못하다. 다섯 살이나 더 먹어 가지고" 그랬다.

스님은 일곱 살 적에는 "나도 크면 우리 아버지 어머니같이 살림을 해야지" 하고 인생 설계를 했다. 어린 나이에, 어머니 아버지가 당신을 어떻게 낳았는가를 저절로 알아버렸다고도 한다.

그런데 여덟 살이 되니 "아이고, 우리 어머니 아버지가 죽어야 내가 맘대로 살 텐데." 하는 생각이 들었단다. 부모님이 일찍 죽었으면 하는 마음이 아니라, 운명적으로 출가의 길을 염두에 두고 이런 말이 나온 것 같다. 물론 스님은 부모님이 돌아가실 때까지 그 소리를 할 수 없었다. 그런 말을 한다면 불효 중의 불효라 큰일이 날 수밖에 없는 일인 것은 말할 나위도 없다.

그런데 5년 만에 그런 생각이 현실에서 실제로 나타났으니, 어린 스님은 기가 막힐 노릇이었다. 나이 불과 열세 살 때 부모님께서 약속이나 하신 듯 채독증(菜毒症)으로 한달 새 세상을 하직하고 만 것이다. 부모님의 나이 예순 여섯과 쉰셋이었다. 어린 규성의 삶은 일대 전환을 맞는다. 형제들과 헤어져 전북 순창군 팔덕면 장안리 외가에서 살기 시작한 때가 이때부터다. 규성은 의지할 곳을 잃고 나니 천지를 잃어버린 것처럼 쓸쓸하기 그지 없었다.

가슴 속 깊이 외로움을 안고 살았던 규성은 부모를 잃은 이듬해부터 교회에 나가 고단한 삶을 잠시나마 쉴 수 있었다. 어깨 너머로 학문을 배우며 일본유학의 꿈도 꾸었으나 그마저 친척들의 반대로 무산됐다. 그러다가 규성은 외가를 나와 남의 집을 전전하며 농사일을 돌봐주다가 엎친 데 덮친 격으로 부모님께서 그랬던 것처럼 채독증으로 한때 죽을 고비를 맞는다. 몸이 퉁퉁 붓는 원인 모를 병을 얻어 3년여 동안 병치레를 한 것이다.

하지만 이런 고난이 오히려 규성에게는 인생 무상(無常)을 뼈저리게 실감하여 더욱더 치열한 삶을 살게 하는 기폭제가 되었다. 이때 규성은 "아무런 죄도 없는 내가 왜 이런 고생을 해야 하는지 천지성현(天地聖賢: 하늘, 땅, 성현)께 따지겠다"는 다부진 생각을 품었다고 한다. 심지어 '닷새 안에 병이 낫지 않으면 땅 밥 노릇하러 땅속으로 들어가겠다'는 다짐까지 했다. 그야말로 설상가상(雪上加霜)의 박절(迫切)한 운명에 처한 규성은 거리를 헤매다 집으로 돌아와서 허공에 대고 이런 원망을 했다.

"허공은 들으시오. 나를 결국 죽이려고 태어나게 하려고 애만 썼지, 공로도 없이. 계산이 안 틀리오? 앞뒤가 안 맞아. 계산이 안 틀리오? 당신도 생명을 낳으면 계산이 있어서 생명을 탄생시켰을텐데. 그러지 마시고 좀 생각을 바꾸시오. 나를 살릴 수만 있으면, 살려만 놓으면 이 나라를 내가 도울 겁니다."

그랬는데, 그 다음날 한 노인이 찾아왔다. 그때 당시 육십 노인이었는데, 담뱃대를 들어 불을 붙여 물면서 친절하게 살아나갈 방도를 일러주었다.

"야, 내가 네 눈을 보니까 무슨 병이 분명하다. 너 내 말 안 들으면 며칠 안으로 죽는다. 내 말 듣기만 하면 구사일생으로 산다."

"아, 병이 낫기만 하겠으면 내가 죽어주기라도 할 테니, 좀 도와주시오."

"소 잡는 집에 가서 소 피를 먹으면 병이 낫는데, 그때 채소를 먹으면 그게 더하거든. 그거 먹으면 안된다. 과일도 먹으면 안된다. 알겠지."

규성의 부모님은 양반 집안이었지만, 너무나 가난해서 타향 생활을 하였다. 부친은 갓을 삐뚜름하게 쓰고 어린 스님은 뒤에서 졸래졸래 따라다니며 3년간 객지를 떠돌며 생활했을 정도로 힘든 시절을 겪었던 것이다.

규성은 소 피를 마시면 살 수 있다는 노인의 말을 듣고 소 피를 구하기 위해 장터로 떠났다. 전라북도 김제군 금기면 장터로 가서 단도직입으로 소고기 파는 집 근처로 가서 요리 피하고 저리 피하며 눈치를 보고 있었다. 남편이 고기를 팔다가 밥 먹으러 가고 부인이 가게를 볼 때, 한가한 틈을 타 다가가서 말했다.

"아씨님, 제가 드릴 말이 있습니다."

규성은 가난한 집안에서 자랐지만, 양반 행세하는 동작을 다 기억하고 있었기 때문에 의젓하게 말할 수 있었다. 가게 여주인이 쳐다보자 규성이 하소연을 했다.

"우리 고향은 아랫녘 어딘데, 못 살아서 고향을 나와 가지고 아버지 어머니가 2년 동안 살다가 지난 달에 다 돌아가시고, 나도 병은 뭔 병인가 하니 채독병이라고, 여기 와서 소 피를 먹으면 낫는다는 말을 듣고 왔으니 나를 좀 살려주시오. 내가 아들 노릇 해달라면 해주고, 온갖 보물 노릇 해달라면 해드릴테니 도와주십시오."

그러니까 여주인이 고개를 푹 숙이고만 있었다. 좀 있으니까 자기 남편이 와서 그동안 들은 이야기를 쭈욱 하니까, 한번 얼굴을 쳐다보더니 뭘 좀 먹이라고 했다. 그래서 여주인은 뚝배기에다 선지국을 말아주었다. 당시에 너무 굶었던 탓에 어린 스님은 뭘 먹어도 토하고 말았지만, 고깃국은 잘 받아들였다. 배가 등에 붙은 것이 앞으로 쑥 나올 정도로 배불리 밥을 먹을 수 있었다.

고깃집 여주인은 그 다음날 집에 규성을 데리고 갔다. 그러자 남편은 "뭐 하러 데리고 들왔노. 키워주면 저희 부모님이 와 가지고 데리고 도망가 버릴텐데" 라고 말했다. 부인은 "그래. 그건 사실이지만, 양반 집 새끼라 데리고 왔다"고 그랬다.

그 집에서 규성은 5일 동안 약을 하루에 두 번씩 먹었다. 그런데 3년이 되도록 병이 완쾌되지 않아 오이, 수박, 배 같은 것을 안 먹으니까, 하루는 여주인이 큰 쟁반에다가 수박을 빨갛게 썰고 배를 깎아 왔다. 규성이 돌아서서 눈물을 찔끔 흘리며 먹지 않자, "참 독약보다 더 독한 아이다"고 말했다.

3년이 된 어느 날, 규성이 꿈을 꾸었는데 북쪽 하늘에 별이 보였다. 별에서 말이 들려왔다. 그런데 뭐라고 하느냐면,

"아무 때라도 죽게 되거든 우리가 살릴 거니까 죽는 걱정은 하지 마라."

그래서 병원에 가 알아보니까 병이 아니라고 의사가 말하는 것이었다.

"과거에는 염병이지 진짜 병은 아니다. 그런 게 없어졌다."는 것이다. 그래서 규성은 '아하, 내가 길을 다시 개척해야 되겠다. 이 집에 오래 있으면 파묻히니까 성공할 길로 나가야 되겠다. 이 생, 저 생 다 놔두고 고생으로만 나가야 겠다'고 맹서했다. 규성은 장가를 들면 공자님의 오행(五行)법으로 다섯 가지 규칙을 지키고, 돈이 아무리 많아도 쌓아놓지 않고 사람들에게 베풀고, 아무리 여건이 좋아도 편하게 살지 않기로 인생 설계를 했다고 한다.

유난히 많은 잔병치레로 힘든 어린 시절을 보낸 규성은 16살 때부터 4년간 함경도 성진의 군수공장에서 일하기도 했다. 그때는 살고 싶은대로 살지 못해서 화가 잔뜩 났다고 한다.

엄청난 세파를 견디며 청소년기를 보낸 규성은 1945년 벅찬 광복을 맞는다. 어느덧 스무 살이었다. 하루는 외숙모의 손에 이끌려 외가에서 그리 멀지 않은 순창읍 순화리에 위치한 순평사를 찾았다. 당시 순평사에는 효봉(曉峰) 스님의 은사인 석두(石頭) 노스님이 주석하고 있었다. 정월 초하루 날, 규성은 절에서 설을 지내면 재앙이 없는 줄 알고 절에 와 보고 깜짝 놀랐다. 밥 한 그릇을 올리며 정성껏 석가모니부처님께 공양을 올리는 게 아닌가. 세상에, 천지지간에, 모든 생명의 제일 높은 어른을 비로소 뵙게 된 것이다.

여기서 스님은 평생 저 분을 모실 거라 다짐했다. 석달 동안 석두 스님의 법문을 듣고는 바로 이 길이 내가 가야 할 길이라는 환희심이 든 규성은 절에서 아예 머물겠다는 발심을 했고 곧바로 행자생활에 들어갔다. 고된 행자생활은 5년이나 이어졌다. 드디어 노스님께서 득도수계(得度受戒)를 허락하니 비로소 온전한 출가사문의 길로 들어서게 되었다. 1951년, 한국전쟁이 한창이던 그해였다.

행자 시절에 효봉 스님과 석두 스님은 활안 스님의 됨됨이를 알아보고, "저 사람은 중 될 사람이고, 남보다 크게 될 거라"고 말할 정도로 열심히 출가 생활을 하였다. 스님은 출가 직후 남원 실상사로 자리를 옮겨 공부에 매진했다. 이 때 절살림을 도맡아 대중의 끼니 걱정을 하지 않도록 한 것도 스님의 정진력으로 가능한 일이었다.

그즈음 순창 순평사에서 사제간의 인연을 맺은 은사가 피치 못할 사정으로 환속하자 활안 스님은 덕숭산 수덕사로 수행처를 옮기고 여기서 월산(月山) 스님을 은사로 사미계(沙彌戒: 예비승려인 사미가 지켜야 할 열 가지 계율)를 받으니 세납 28세, 1953년이었다. 이때부터 스님은 수덕사, 법주사, 불국사를 오가며 은사 월산 스님과 금오(金烏) 노스님 회상에서 정진을 거듭했다. 1958년에는 통도사에서 자운(慈雲) 스님을 계사로 비구계(比丘戒: 비구승이 지켜야 할 250가지 계율)를 수지하니 세납 서른세 살이었다. 당시 구족계를 함께 받은 도반 중에는 송광사 방장을 역임한 일각(壹覺) 스님과 『무소유』의 저자 법정(法頂) 스님이 포함돼 있었다.

스님은 구족계 수지 이후 상원사, 청량선원, 칠불암, 범어사, 용화사 등 제방선원에 방부를 들이며 40안거를 성만했다. 특히 오대산 적멸보궁과 북대를 오가며 30여 년간 수행하는 동안 보여준 구도열정은 지금도 수좌들 사이에 회자되고 있을 정도로 용맹정진의 표상으로 전해온다. 특히 오대산 북대는 스님의 원력에 힘입어 중흥의 기반을 다진 곳으로, 스님이 출가본사를 월정사로 생각할 정도로 구도의 열정을 쏟은 도량이었다.

전남 광양의 백운산 토굴에서 '나고 죽는 이전의 나는 무엇인가(生滅未生前 是甚麼)'를 화두 삼아 각고의 구도행을 단행한 일화도 빼놓을 수 없는 수행이력이다. 스님은 36세부터 백운산에서 4년간 참선수행을 하면서도 먹을 것, 입을 것 모두 손수 마련하곤 했다. 그러던 어느 날, 해가 넘어간 줄도 모르고 논에서 일을 하다가 낫으로 손을 베고 말았다. 그것도 모르고 방에 들어와 촛불을 켜보니 방바닥에 피가 흥건히 고여 있었다. 손을 동여매고 부엌에 들어가 찬밥으로 허기를 채우고 있자니 쓸쓸한 마음이 낙엽 날리듯 했다. 스님은 쏟아진 피를 보니 웃음이 나오고, '내가 이래야만 성불을 하는 건가' 하는 생각도 들었다. 밤이 깊어 된장국을 끓여 먹고 참선에 들었다가 자신도 모르게 쓰러져 버렸다.

그런데 갑자기 8척이나 되는 여래신(如來身: 여래의 몸)이 나타나 자신의 오른팔로 베개를 삼아 스님을 뉘이고는 내게 "과거의 제불(諸佛: 모든 부처), 오늘의 제불이 너와 똑같은 과정을 거쳤고, 미래의 제불도 너와 똑같은 과정을 거칠 것이니라"고 말하는 것이었다. 깜짝 놀라 깨어보니 꿈이었다. 허기진 차에 밥을 먹고 나니 잠시 졸았던 것이다. 스님은 일어나자마자 부처님께 삼배하고 이렇게 기도했다.

"내가 성불하려 하니 가지고 있는 도를 모두 주십시오."

이때부터 스님은 밥을 한 술 뜰 때마다 이렇게 다짐하곤 했다.

"부처님이시여 부처님이시여, 당신이 부처님이라면 말 없이 들으시오, 내가 과거 세상에는 의지하고 살았지만 이 제 상황을 바꾸어야 하겠습니다. 과거에는 끝없이 의지해 왔지만 끝없이 많은 상대를 모두 빛이 나게 하고 상대방이 다 보람을 느끼도록 하고, 나를 의지하려는 곳에 기쁨만 주겠습니다."

이와 같이 60여년을 오직 선방과 토굴에서 치열하게 수 행정진 해 온 스님은 경허-만공-보월-금오-월산 스님 의 법맥을 잇고 있다. 선방수좌로 선지(禪旨)가 출중했던 스님은 일찍이 구산, 전강, 향곡 스님의 문하에서 공부하 며 당대의 선승들과 법거량을 수없이 나누며 법기(法器) 를 인정받기도 했다.

한 번은 인천 용화사 전강 스님 회상에서 한 철 안거를 마쳤을 때, 어느 스님의

"무간지옥(無間地獄: 한 겁(劫) 동안 끊임없이 고통을 받는다는 뜨거운 지옥)에 대해 일러보라."

는 질문을 받고

"대우주 용광로에 눈 한점 떨어진 것과 같다."

고 답했더니, 그 스님이

"불에 타서 죽으려고 하느냐."

고 호통을 쳤다. 예전에는 한 철 날 때마다 질문을 던지고 정답을 제시하면 선지식으로 인정하곤 했다. "무간지옥이 눈 한점의 터럭과 같다"고 한 대답이 신통치 않았다고 느낀 스님은 더욱 정진의 고삐를 당길 정도로 자신에게 철저한 수좌였다.

여러 선원을 오가며 참선하는 시절, 어느 선원에서도 한치도 빈틈없는 칼날과도 같은 정진의 모범을 보이니 수좌계에서도 스님의 이름이 자자하게 된다. 이윽고 70년대 초에는 오대산 상원사 청량선원에서 수행하던 수좌들이 조실로 추대했지만 "모두 부질없는 일"이라며 일언지하(一言之下)에 일축하고 곧바로 천자암으로 발길을 돌리기도 했다.

이제는 조계종의 어른이 된 스님은 예전처럼 선지식을 찾아 다니지는 않지만 참선수행은 예전과 똑같이 하고 있다. 물론 참선으로 득력(得力: 공부에 힘을 얻어 저절로 공부가 되는 수행단계)하기 전과 후의 공부는 천지현격(天地懸隔)으로 차이가 난다. 득력하기 전에는 인위적으로 힘을 쓰는 유위법(有爲法)의 공부를 했다면, 득력한 후에는 함이 없이 수행하고 닦음이 없이 마음을 닦는 무위법(無爲法)의 공부를 하기 때문이다. 행자시절이나 조실스님으로 존경받는 지금이나 그대로 초발심을 유지하고 있는 스님의 공부에 대한 마음가짐을 들어보면 감탄사가 저절로 일어나기 마련이다.

"지금까지 참선과 기도로 살아왔으니 할 줄 아는 게 없는 탓도 있지만 탐심이 일어나지 않으니 마음 가는대로 참선하는 것이 지금의 생활입니다. 그렇다고 되는대로 사는 것은 아닙니다. 지금도 새벽 2시면 어김없이 일어나 예불준비를 하고 기도 정근(正勤)을 합니다. 잠 이래 봐야 하루 3시간 정도밖에는 안잡니다. 수행자는 터럭만큼의 안일함도 추구해서는 안됩니다. 수행자가 게으르면 늘 문턱에 머물게 됩니다. 그래서는 올바른 수행을 할 수 없습니다. 수행을 할 때는 추상같이 하면서 본분(本分: 구도행)을 잊어서는 안됩니다. 깨달으면 부처요, 미혹하면 중생인데 출가한지 오래되고 나이 많다고 공부하지 않는다면 누가 그를 수행자라 부르겠습니까. 스님이 문턱을 두고 생활하면 아상(我相)만 높아지게 됩니다. 깨달음이란 생사(生死)와 같아서 전후고저(前後高低: 앞뒤와 높고 낮음)가 있을 수 없으니 어찌 수행에 게으름을 피울 수 있겠습니까.

이것은 비단 출가자에게만 해당되는 말이 아닙니다. 세속을 사는 사람들도 세속법으로는 수행자인 셈이고, 따라서 한치의 흐트러짐도 없는 노력을 기울여야만 자신이 얻고자 하는 것을 얻을 수 있습니다. 사람의 성장과정은 밝거나 어두운 것이 없습니다. 성장과정은 변하지 않는 내 마음자리를 만들어가기 위한 것이기 때문입니다. 자신의 마음자리를 결정하고 노력하면 생산지혜를 얻게 됩니다. 깨달음은 여기서부터 시작됩니다. 이 모든 노력과 공로는 낭비되지 않고 목표에 밑거름이 됩니다. 연잎에 물방울 도는 것과 같은 이치인 것입니다."

스님이 제방선원과 토굴을 돌며 정진에 정진을 거듭하고 조계산 천자암을 처음 찾은 때는 1974년. 당시 천자암은 800년 풍파를 지켜온 경내 천연기념물 제88호 쌍향수의 당당한 기품을 제외하고는 절이라기보다 한 채의 오두막에 불과했다. 보조국사 지눌(普照知訥: 1158~1210) 스님의 발자취가 서려있는 암자라고 하기에는 너무도 초라했다. 30년의 시공간을 훌쩍 넘어온 지금, 천자암은 오대산 북대에 이어 스님의 원력과 지혜가 서린 또 하나의 유명한 수행도량이자 기도처로 자리잡았으니, 스님의 끝없는 발원과 정진의 깊이를 가늠하는 일이 어려울 정도다.

하루도 쉬지 않고 스러져가던 천자암을 일구며 일념으로 정진에 정진을 거듭한 스님은 어느 날 환하게 밝아오는 소식을 접한다. 이른바 도를 깨달은[悟道] 것이다. 세납 쉰 살을 조금 넘긴 때였다.

通玄一喝 萬機伏(통현일할 만기복)
言前大機 傳法輪(언전대기 전법륜)
法界長月 一掌明(법계장월 일장명)
萬古光明 長不滅(만고광명 장불멸)

깊은 도를 통달한 일할로 모든 근기를 굴복시키고
언어 이전의 큰 기틀로 법륜을 전하도다.
법계의 달빛이 한 손바닥에 밝았으니

만고의 광명이 다함이 없네.

깨달음의 기쁨을 노래한 이 게송은 현재 천자암 법당의 주련(柱聯)이 되어 눈밝은 참배객들에게 길없는 길을 제시해주고 있다.

이때부터 스님은 천자암에 주석하며 본격적으로 참선납자들을 지도하기 시작해 법을 구하는 사람들에게 언제나 문을 활짝 열어놓고 맞아들인다. 후학들을 지도하는 한편 나라와 세계 평화, 남북통일을 위한 기도정진을 쉬지 않고 있으니, 자리이타(自利利他)를 실천하는 보살의 삶이 이러함을 여실히 보여준다. 한때 매번 100일동안 문 밖 출입을 않는 수행정진을 13년에 걸쳐 전개해 화제가 된 스님은 지금도 참선수행을 하며 사부대중의 모범이 되고 있다.

스님은 수행자들이 일생동안 참선해도 진전이 없는 것은 일념으로 구하지 않기 때문이라며 늘 쉼없는 정진을 강조하신다.

"매일 앉아서 쓸데없는 망상으로 세월을 보내려 하지 말고 간절한 원력으로 '이뭣고'를 참구하면 시간도, 공간

도, 형상도, 음성도 모두 잊게 됩니다. 화두 일념이 흐르는
물과 같이 지속되면 천사람 만 사람이 다 진리의 눈을 뜨게
되는 법입니다. 가고 오고 말하는 이것이 무엇입니까. 이 몸
뚱이를 지배하는 참 주인공이 무엇입니까. 일념으로 뼈에
사무치고 오장육부를 찌르는 대의심(大疑心)으로 화두를
챙길 것 같으면 자신도 모르게 공부가 무르익어 모든 잡념
이 사라지고 하루 한 생각만 또렷이 드러나게 됩니다."

스님은 참선 수행자에게 생각생각에 화두를 놓치지 말
아야 한다고 거듭 당부하신다.

"세간의 모든 것이 한마음(一心)을 좇아 생겨나니 미물
(微物)을 생각하면 곧 미물이요, 축생(畜生: 사람이 기르
는 온갖 짐승)을 생각하면 곧 축생이며, 부처의 마음을 내
면 곧 부처인 것처럼 마음은 참으로 미묘한 것입니다. 한
생각도 놓치지 않을 때 비로소 본래 고향에 도달하니 생각
생각에 화두를 간절히 붙잡아야 합니다. 화두를 놓치는 순
간 곧 한 생각이 일어나니 한 생각 일어남이 무명이요 업
의 굴레에 빠져드는 것입니다. 생각생각 일념으로 간절히
'생멸미생전 시심마(生滅未生前 是甚麼: 나고 죽는 이전

의 이것은 무엇인고?)' 화두를 놓지 말아야 합니다. 이것
은 내가 수행하면서 늘 지고 있는 화두이기도 합니다."

간절함과 끈기 있는 한마음이 없다면 생사를 해탈하는
도리를 어떻게 깨달을 수 있겠는가. 정성과 믿음, 큰 의심
이 없는 수행자는 평생 깨달음을 찾고 구한들, 성취하기
어려운 까닭이 여기에 있다.

그래서 법거량을 하려고 찾아드는 제방의 수좌들에게
스님은 늘 자주 이렇게 경책하곤 한다.

"장님이 눈뜬 사람을 그리려면 그려지느냐. 집어치워
라."

그러면서도 화두 하나를 던져주는 자비심을 잊지 않으
신다.

"죽는 게 옳은가, 사는 게 옳은가?"

내가 수행한다는 생각, 내가 30년을 참구한 선객이라는
생각, 그러한 '나' 라는 생각을 버리는 것이 수행의 기본이
다. 그래서 스님은 "아(我)가 공(空)해야 바른 공부를 할
수 있다. 나를 버리면 장사를 하든지, 공부를 하든지, 도를
닦든지, 염불을 하든지 제불성현과 똑같이 밝은 지혜를 열
수 있다"는 확신을 심어주는 것이다.

스님은 당신이 평생 죽도록 공부해서 얻은 법(法)을 언제 누구에게라도 나눠주기 위해 오늘도 중생구제의 발원을 쉬지 않는다. 스님의 남은 소망이 후학들에게 부처님 법을 전하는 일인 것은 당연한 일인지도 모른다.

"나라는 사람은 이미 마음자리가 정해졌기 때문에, 내가 생활하는 것은 무변대해(無邊大海: 끝이 보이지 않는 바다)와 같고 천지생명은 무변대해의 바닷물을 퍼내는 그릇과 같아요. 내가 앞으로 소망이 하나 있다면 그릇이 아주 커서 무변대해를 한 그릇으로 다 퍼내는 사람이 된 후에, 내가 법을 다 전수하는 것입니다. 그러고도 내 자원은 줄어들지 않고 부담되지도 않으니까요."

송광사를 중심으로 한 호남 지역은 물론 전국 사찰의 스님과 신도들의 존경을 받아 온 활안 스님은 1999년에는 조계종 원로의원으로 선출되어 종단의 어른으로서의 역할을 다하고 있다. 이어 2005년 청와대불자회 지도법사로 위촉된 스님은 청와대 소속 공무원 불자들이 부처님 제자로서의 소양과 국정운영을 수행하는 지혜를 일깨우기도 했다. 평소 세간과 출세간이 둘 아닌 불이법문(不二法門)을 자주 해온 스님은 국정을 이끄는 공무원불자들의 바른 마음 공부를 통해 나라의 평안과 국운 융성에 기여하기를 간절히 염원했던 것이다.

언제나 새벽 같이 일어나 나라와 세계의 평화, 남북의 통일, 국민의 화합을 기원하는 활안 스님. 하루도 빠짐없이 천자암에서 울려퍼지는 스님의 간절한 염불 소리는 조계산과 남과 북을 휘돌아 지구촌 곳곳의 사람들의 심금을 울리고 다시 우리네 심장으로 돌아와 각자가 '하늘의 아들(天子)'임을 깨닫게 할 것이다.

'그대가 본래 부처'임을 일깨우며 껄껄 웃는 홍안(紅顔)의 천진불(天眞佛)은 오늘도 천자암을 내려가는 불자(佛子)들에게 할아버지 같은 자상한 가르침을 잊지 않는다.

"부처 아들답게 멋지게 살아가소!"

어디서 왔소?

활안 큰스님의 선禪 법어집

2.
선(禪)이란
무엇인가

이 마음 밖에서 또다시 구할 것이 없다

대저 부처라, 법(法: 진리)이라, 천당이라, 극락이라, 지옥이라, 축생(畜生: 짐승으로 태어나는 것)이라, 아귀(餓鬼: 계율을 어기거나 탐욕을 부려 아귀도에 떨어진 귀신)라 하는 것을 어찌 다른 곳에 나아가서 찾기를 구하리오.

사람 사람마다 본래 가지고 있는 내 마음에 모두 있는 것이니

이 마음 밖에 또다시 구할 것이 없기에

부처와 부처님이 이 마음을 깨달아 아시고
중생에게 보이시건만,

 중생은 이 마음을 잘 알지 못하여
중생수(衆生壽: 중생의 목숨)에 있어서 닦기를 힘쓰지
않는 고로
혹 지옥과 아귀와 축생과 하늘과 인간과 수라(修羅: 아
수라(阿修羅)의 준말. 교만심과 시기심이 많은 사람이 죽
어서 가는 항상 싸움이 그치지 않는 세계)에 돌아다녀 가
고 오고 하나니,

 이 마음을 잘 닦으면
부처 된다고 가르치신 것이 법이니라.

처음 그 마음 놓치지 마세요

천지자연의 기본은 마음이며,

마음의 중심이 바로 서야 합니다.

마음의 주인이 되어 쓸 줄 알아야 합니다.

그랬을 때 단박에 밝아집니다.

처음 생각이 바로 밝은 마음으로,

성불에 이르게 하는 밑받침이 됩니다.

'처음 그 마음' *을 놓치지 마세요.

* '처음 그 마음'은 초발심(初發心)을 뜻한다. 「의상조
사 법성게(義湘祖師 法性偈)」에 '초발심시변정각(初發心
時便正覺)'이란 유명한 글이 있다. 처음 마음을 낼 때 곧
정각을 이룬다. 처음 발심한 그것이 변치 않고 그대로 있
으면 곧 부처의 경지라는 말이다.

이와 관련, 『백장록』에는 "모든 선악, '공과 유[空有]',
더럽고 깨끗함, 유위와 무위, 세간과 출세간, 그리고 아름
다움과 추함, 옳은 이치다 그른 이치다 하는 온갖 알음알
이[知解]와 망정이 다하면 얽어 맬 수 없어서 어딜 가나

자유로우니, 이를 초발심보살이 그래로 부처의 경지에 올랐다고 하는 것이다"는 말이 있다.

마음은 모든 창조의 원인

행복해 지려면 타고난 성품(性品)이 단번에 다 밝아져야 합니다. 마음도, 보고 듣는 것도 밝아지면 시비할 것도 없고 내가 천지생명을 창조하고 관리하는 주인이 되거든요.

그러면 어떻게 해야 밝아지느냐, 그건 마음에 달렸지요. 견성대각(見性大覺)을 해야 합니다.

간절한 마음으로 구하면 자신도 모르게 잡념이 사라지고 한 생각만 또렷이 드러나게 되는 법이니, 누구나 성품을 밝게 할 수 있는 겁니다.

마음이 모든 창작(창조)의 원인입니다. 서울에서 천자암까지 오겠다고 마음을 먹었으니 몸뚱이는 마음이 정한 대로 온 것 아닌가요. 모든 것은 마음이 원인이야, 그걸 알면 돼요.

세간이나 출세간이나 마음과 노력이 균형을 이뤄야 빛이 납니다. 생각만 하고 노력하지 않으면 사기꾼이야. 계약만 해놓고 실행하지 않는 것과 똑같지요. 국민들의 병이 다 거기에 있어요. 호랑이는 무서운데 가죽은 탐나는 꼴이거든요.

수행자가 게으르면 늘 문턱에 머물게 됩니다. 그래서 생각 생각마다 화두를 놓치지 말아야 해요. 마음은 참으로 미묘한 것이거든요. 세간의 모든 것이 한 마음을 좇아 생겨나니 미물을 생각하면 곧 미물이요, 축생을 생각하면 곧 축생이며, 부처의 마음을 내면 곧 부처인 것이야. 화두를 놓치는 순간 곧 한 생각이 일어나니 그게 바로 무명이요, 업의 굴레에 빠져드는 시작입니다. 내 이름이 활안(活眼), 즉 살아 있는 눈인데, 실체는 그렇지 않아요. 마음 먹기에 따라 죽은 눈도 되고 산 눈도 되는 거기 때문입니다.

대통령도 마음밭(心田) 밝게 갈아야

천지가 지혜와 복을 주는 게 아니고, 각자 타고난 생명이 자기를 밝히면 그 밝기가 태양을 뛰어넘습니다. 대우주 생명이 시작되는 밑받침이 되고 대우주 생명이 다할 때 뒤처리까지 하게 됩니다. 그래서 상대방한테는 속아도 나(자기 자신)한테는 속지 말라 이 말입니다.

사람은 중심이 딱 서 있어야 합니다. 그렇게 되면 혼자만 행복한 게 아니라 중생이 전부 그 혜택을 받게 돼요. 마음의 중심이 선 사람은 언제 어디서나 밝기 때문이지요. 밝은 데도 끄달리지 않고 어두운 것을 버리지도 않으니, 밝은 곳에서는 더 밝은 빛을 내고 어두운 곳에서는 빛을 보충한단 말입니다. 그러나 마음의 중심이 정해지지 않으면 자기 소유는 하나도 없어요. 다 남의 것이야.

요즘 생명을 복제한다고 떠들지만, 형체 아닌 것이 형체의 주인인 도리를 알아야 합니다. 요즘 박사들을 보면 참 큰일이야. 의학박사, 철학박사, 문학박사, 공학박사 해도 다 헛것이야. 다들 '신(神)'은 신이지. 자기 분야를 아는 데는 '귀신'이면서 한 생명과 우주의 종합적인 구도는 모르는 '등신'. 그러면서도 남의 말을 새겨듣지도 않아요. 박사라면 자기 안팎의 세계를 종합적으로 알고 삶의 최종적인 목표를 알아야지요.

지식을 쌓는 것 이전에 마음자리를 밝히는 게 급선무입니다. 그래서 국민이 불교를 알아야 나라가 흔들리지 않아요. 조선은 불교를 무시했다가 임진왜란을 당했지만, 신라와 고려는 나라는 약했어도 불교를 중심으로 단합해 침략자들을 물리쳤단 말이지요. 나라를 지도하는 대통령은 멋있어야 해. 담대해야 하고 태양같이 밝아야 해요. 그리고 소나무, 대나무 같이 정확히 실천해야 하고….

행복 원하면 자성(自性) 드러내라

심성(心性)이라는 것은 순서도 근거도 없이 자연히 밝아지는 지혜의 모체라 할 수 있습니다. 왜 그렇습니까?

각자가 타고난 심성은 진리와 다를 바가 없습니다. 진리는 진리로되, 무명(無明)에 가려진 불완전한 진리입니다. 하지만 아무리 두터운 무명이 그 성품을 덮고 있다 하더라도 장막을 걷어버리면 본래 성품을 드러나게 할 수 있습니다. 수행을 열심히 하면 언제든지 무명을 걷어내고 성품을 밝게 할 수 있어요. 성품은 무한(無限)하기 때문입니다. 이 '무한'이란 두 글자를 바꾸어 말하면 진리라고 표현할 수 있습니다.

타고난 심성이 단번에 밝아질 때 바로 그 진면목(眞面目: 본래면목, 자성)이 드러납니다. 밝음이라는 것은 범부의 육안으로는 확인되지 않습니다. 오로지 우리 마음에 의해서만 느끼거나 움직일 수 있습니다.

물고기가 물 속에 살고 있지만 물의 소중함을 미처 모르는 것 같이, 우리 중생 또한 숨을 내쉬고 들이마시며 생명을 유지하면서도 공기의 소중함을 모릅니다. 늘 이렇게 어리석음과 어두움에 머물러 있으면서도 중생들은 그것을 모르고 있지요. 하지만 심성을 어떻게 갈고 닦느냐에 따라 깨달음이 되기도 하고 미혹이 되기도 합니다.

흔히들 빈손으로 왔다가 빈손으로 간다고 합니다. 그렇다면 빈손으로 온다는 것은 어떤 것을 말함입니까. 올 때 아무 것도 따라올 수도 없고, 붙일 수도 없다는 말이겠지요. 그런데 몰라서 그렇지, 우리는 올 때 정확한 판단력을 가지고 옵니다. 어떻게 보면 천지 자연은 내 판단력의 부속일 따름입니다. 이 판단력에 따라 큰 대로 작은 대로, 결정하는 대로 자기 역량대로 사는 겁니다.

마음이 정해진 것을 어떻게 알 수 있는지 궁금해 하는 사람들이 많습니다. 천지 자연이 우리 생각과 정신을 만들어 냅니까? 아닙니다. 우리의 한 생각이 자연법(自然法)을 결정합니다. 과거와 현재를 보고 미래를 볼 줄 아는 능력은 특출한 것이지만 수행 여하에 따라 얼마든지 가능합니다. 나를 버리면 본래 성품이 드러나고 내가 본래 불성(佛性)을 가진 부처라는 것을 깨닫기 때문입니다.

이렇게 마음을 쓸 줄 알면 한 번 부딪친 것은 두 번 부딪치지 않게 되고, 그렇게 되면 안이비설신의(眼耳鼻舌身意: 눈 귀 코 혀 몸 뜻)에 의존할 필요가 없지요. 결국 스스로의 얄팍한 계산에 속지 않는 것이 마음을 정하는 시작인 것입니다.

마음을 정하는 것을 알게 되면 삶을 고(苦: 고통)에서 해방시키는 해법도 찾을 수 있습니다.

우리 모두가 바라는 것은 말할 필요도 없이 자신의 행복입니다.

그러나 행복을 원한다고 모두가 행복해지는 것은 아닙니다. 행복하려면 자성을 찾아 밝게 드러내야 합니다. 마음도 밝아야 하고, 보고 듣는 것도 밝아야 합니다. 밝으면 시비할 것이 없겠지만, 밝지 못하기 때문에 이 사회에서, 중생들의 삶에서 갖가지 시비가 생겨나는 것이지요.

자신이 못나고 어리석다고 생각하는 사람이 있다면 그것은 실제로 그런 것이 아니라 자신의 근본자리인 마음이 확실하지 않고, 무명(無明)과 번뇌에 쌓여있기 때문입니다. 마음이 정해지면 노력하게 되고, 노력이 뒤따르면 아무리 어려운 것이라도 어려울 것이 없습니다.

부처가 되고자 하는 마음을 정하면 얼마든지 부처가 될 수 있습니다. 한가지 일에 마음을 정하고 '머무르지 않고 실천한다[無住行]'면 그 안에 도(道)가 있는 것입니다.

선(禪), 영원한 자유의 길

나는 출가한 이후 오로지 참선수행에만 매달려 왔습니다. 흔히들 선(禪)이라고 하면 밤나무에다 대나무를 접붙이 하는 것처럼 추상적이라고 생각하지만, 선은 결코 추상적이거나 비세간적(非世間: 세상을 떠난 출세간)이지 않습니다. 끊임없는 자기성찰과 이를 위한 노력이 선의 시작입니다. 선의 요체는 대우주, 자연, 생명의 이치를 바로 보고자 하는 것입니다. 세상사는 이치는 선과 다를 것이 없습니다.

오랫동안 참선을 해도 눈이 뜨이지 않는 사람이 많은데, 이는 일념(一念)으로 구하지 않기 때문입니다. 매일 앉아서 쓸데없는 망상(妄想)으로 세월을 보낼 것이 아니라 간절한 원력으로 '이뭣고?'를 참구하세요. 그러면 시간도, 공간도, 형상도 모두 잊게 됩니다.

화두 일념이 흐르는 물과 같이 지속되면 천 사람 만 사람이 다 진리의 눈을 밝게 뜨게 됩니다. 밝아야 한다는 말은 아무리 강조해도 부족함이 없습니다. 타고난 심성을 단번에 밝게 비춰야 겠다고 생각하면 자연히 수행정진을 안

할 수가 없어요.

나 자신을 광명(光明)의 세계로 인도한다는 의지로 열심히 정진하다 보면 몸도 따라서 좋은 방향으로 변화합니다. 인과(因果)의 도리도 알게 되고 선업(善業)을 짓게 됩니다. 마음에 중심이 딱 서 있는 사람은 언제 어디에서도 밝게 마련입니다.

천지 자연은 나와 상대(相對)로 이뤄져 있습니다. 모든 것은 인연에 따라 상대를 이루고 있지요. 나와 상대가 단번에 밝게 되면 천지 생명이 생기기 이전의 경계(境界)에서, 나와 상대라는 분별이 없어지고, 나와 상대라는 분별이 없어지면 천지 생명이 시작하기 이전 경계에 접목이 됩니다. 나와 상대라는 분별도 없고 서로 하나가 된다는 의미입니다. 바꾸어 말하면 나와 상대가 둘이 아니라는 것을 알게 된다는 것이지요. 이를 밝아지는 것, 마음, 지혜라고 여러 단어로 얘기 합니다만 의미는 다 같은 겁니다.

심성이 밝아지도록 노력하세요. 마음이 밝아지면 시간과 공간의 구애를 받지 않게 돼요. 생멸의 인과법칙도 능히 뛰어넘고 그 지혜는 결코 줄어들거나 다함이 없습니다. 어느 생명이든지 가만히 관찰해보면 심성이 가려져 있을

지라도 이미 공을 포함하고 있습니다. 동전의 양면과 같은 것이지요. 한 생각을 돌이켜 마음의 문이 열리면 우주의 진리와 온갖 현상이 거기에 들어 있지요.

불자들은 '나무 아미타불(南無 阿彌陀佛: 아미타부처님께 귀의합니다)' 염불도 많이 하지요. '나무 아미타불'에는 밝게 하는 발원이 담겨있고, 밖으로는 장엄법계(莊嚴法界: 장엄한 법의 세계)를 넓게 포용하는 원융(圓融)이 갖춰져 있습니다. 그래서 '나무 아미타불'을 자성(自性)이란 말로 축약할 수 있어요. 자성을 갈고 닦으면 타고난 심성이 단번에 밝아질 수 있기 때문입니다.

마음이라는 것은 천지자연을 만들어내는 원인이 되기도 하고 주인도 되며, 뒤처리하는 장본인도 되는 변화무쌍한 것이니, 열심히 정진해 마음을 청정하게 해야 합니다.

생멸(生滅: 생겨나고 사라짐)하는 것은 공(空)합니다. 또 실상(實相: 진실한 모습, 진리 자체)은 상주(常住)합니다. 마음이 열렸을 때나 닫혔을 때나 그 모습은 오는 것도 없고 가는 것도 없습니다. 이렇게 판단이 되는 것은, 어두웠는데 손바닥을 뒤집으면 밝아지고, 밝았는데 뒤집으면 다시 어두워지는 것과 같습니다.

마음이 청정한 사람은 밝은 것을 시작으로 해서 모든 밝은 것이 생겨나고 어둡고 밝은 것에 끄달리지 않으며, 원하는 바를 다 이룰 수 있습니다. 그래서 타고난 본성은 시방 삼세(十方三世: 모든 시간과 공간)의 제불중생(諸佛衆生: 모든 부처와 중생)을 영원한 지혜와 행복의 모체로 생겨난 것입니다. 자성 청정법신(淸淨法身: 청정한 진리의 몸)의 모체로서 천지 자연을 두루 보고 판단하는 것이지요.

심성이 밝으면 나와 상대가 둘이 아니므로 상대의 처지와 상황에 맞도록 실천행을 할 수 있을 것입니다. 살아가면서 밖으로만 치닫지 말고 외부의 화려함이나 물질에만 마음을 두지 말고, 현상의 근본원인을 파들어가세요. 그렇게 하겠다는 마음이 정해지면 자연스럽게 해결의 열쇠가 생기기 마련입니다.

마음이 정해지면 번뇌·망상이 공으로 귀결되어 버립니다. 마음이 규합하면 영원한 자유를 얻게 되는 것입니다. 오늘 여러분에게 영원한 자유의 길을 알려드렸으니 그 길을 향해 열심히 걸으세요.

시간과 공간은 원래 공(空)한 것

지금부터 1천2백 여 년 전에 중국 당나라 때 마조도일 (馬祖道一: 709~788)라는 큰 망아지가 나타나서 천하 사람을 다 답사(踏死: 밟아죽임)시켰습니다. 조사니 선사니 할 것 없이 다 밟아 죽였다는 뜻입니다. 그런 마조 스님 슬하에는 84명의 입실(入室: 스승으로부터 직접 가르침을 전수받는 것) 제자가 있었고, 이밖에도 따르는 제자가 수를 셀 수 없을 만큼 많았습니다.

그 마조 스님이 하루는 제자인 백장(百丈懷海: 749~814) 스님에게

"내가 숨을 안 쉬게 되면 '체와 용'(體用: 부처님의 근본 법과 그 법의 쓰임) 두 가지를 중생들에게 어떻게 납득시키겠느냐?"

하고 물었습니다.

그러자 백장 스님이 주장자(마음을 상징하는 지팡이)를 들어 보였습니다.

이어 백장 스님이 되묻기를,

"스님은 나에게 법을 마지막 전하실 때, 양의 뼈와 살을 굴려서 어떻게 중생에게 파종(播種)하시겠습니까(법을 명실공히 전하시겠습니까)?"

하였습니다.

그러자 마조 스님 역시 주장자를 들어 눈앞에 보여주었습니다.

제자 역시 '이것을 버리고 써야 옳습니까, 아니면 그것을 바로 사용해야 옳습니까' 하고 물었던 것입니다.

마조 스님이 그 말을 듣고 가만히 있다가, "할(喝)!" 하고 소리쳤습니다.

그 바람에 백장 스님은 3일 동안 귀가 꽉 막혔답니다.

진리에 통하는 한 번의 할에 모든 근기가 엎드리니[通玄一喝 萬機伏],

법신(法身: 텅빈 자성, 진리의 몸), 보신(報身: 일체 청정한 진리의 작용), 화신(化身: 육도를 만행하는 화신의 몸) 경계가 다 일망타진이 되었다는 말입니다.

그러면 우리는 무엇으로 우리 삶을 일망타진할 수 있겠

습니까? 삶을 살아가는 생활용법은 아주 간단합니다. 일
종의 숫자 놀음과 같아서 크나 작으나 간에 내 삶의 숫자
를 파악하는 것에서 출발해야 합니다. 그리고 숫자가 파악
이 되면 먼저 납득을 하는 겁니다.

내 삶의 숫자가 100인지 200인지, 그렇게 되면 그 숫자
를 분해할 수도 있고, 능히 조립할 수도 있게 됩니다. 조립
이 잘 되면 모든 중생 한 사람 한 생명에 이르기까지 크거
나 작은 대로 그 존재의 삶은 끝없이 빛이 납니다. 그 자체
로서 가치가 있고 의미가 있기 때문입니다.

그런 중생을 보는 부처님의 마음은 어떠하냐? 마치 아
기에게 젖을 먹이고 나서 재롱 떠는 모습을 보는 어머니처
럼, 자식 잘 되는 것이 제일인 어머니의 마음처럼 행복합
니다. 그것이 자비의 마음입니다. 이처럼 중생의 삶이 빛
이 나면 이 활안이란 중의 마음은 끝없이 보람을 느낍니
다. 그것이 공정(共正)입니다.

그런데 내 자신의 삶의 숫자놀음을 파악하려면 먼저 해
야 할 일이 있습니다. 본래의 내 마음자리를 깨닫는 것입
니다. 세상 이치를 바르고 밝게 꿰는 지혜로써 내 마음자
리를 깨닫고 나면 우주 만물이 생기고 죽는 법이 이루어지

기 전의 본래의 내 모습이 바로 보입니다. 거기에서 출발해야 합니다.

이 모든 것을 주재하는 것은 바로 나 자신입니다. 다른 종교에서처럼 어떤 절대자가 나를 좌지우지하는 것도 아니고, 나를 낳아준 부모님이 내 대신 살아줄 수도 없는, 바로 나만이 나에 관한 모든 권한을 갖고 있습니다.

그런데 여러분들은 어떻습니까? '아이고, 나는 할 일이 많아서, 나는 여자이기 때문에, 나는 지혜가 없어서' 라며 수행을 미루고 둘러대고 변명을 합니다. 이건 다 거짓말입니다. 할 줄 모른다는 소리를 하기 싫어서입니다. 변명도 시방삼세(十方三世: 모든 시간과 공간)의 부처님이 꼼짝할 수 없는 큰 변명을 하면 성불이지만, 그렇지 않으면 게으름과 고통만 남습니다.

왜 해야 할 일은 안 하고, 안 해야 할 일은 해 놓고서, 자기가 책임을 지지 않고 다른 사람을 원망하고 흉을 보고 그럽니까? '누구 때문에', '무엇 때문에' 괴롭고 힘들다는 건 핑계일 뿐입니다.

내가 한 생각 설계를 잘 하고 못 하고 하는 데에 모든 것이 달려 있다는 걸 깨달아야 합니다. 내 삶은 내 권한이기 때문입니다.

이 몸뚱이는 마음의 옷입니다. 몰랐을 때에는 몸뚱이의 생사가 둘이지만, 알고 나면 생사가 본래 공한 것입니다. 마음의 옷이 더러우면 빨아 입고, 떨어지면 기워 입고, 못 쓰게 되면 미련 없이 벗어던지고 새 옷으로 갈아입어야 겠다고 마음 먹어야 합니다. 무슨 마음의 옷으로 갈아입어야 끝없이 빛이 날지, 판단은 자신에게 달려 있습니다.

그러면 먼저 해야 할 일이 무엇이냐. 마음 근본의 흰 바탕 즉, 내 자성(自性)자리를 바로 보는 것, 조금도 틈을 주지 않고 자성자리를 보는 것을 목표로 삼아 공부해야 합니다. 그리하면 지혜가 생겨서 내 마음자리가 이렇게 되는구나 하고 알게 됩니다.

'관세음보살' 염불이나 일구(一句: 깨달음의 한마디) 참선이나 화두를 선택하든지, 아니면 '아미타불'을 염하든지, 아니면 『법화경』 『화엄경』 『금강경』 『반야심경』 독경, 그도 아니면 찬탄의 노래라도 선택하십시오.

그 내용이 무엇이냐? 시간과 공간은 원래 공(空)한 것이고, 삼라만상(森羅萬象)도 본래 공한 것이고, 그 공은 일념(一念)이라는 것입니다. 참된 일념이라면 '대동태허(大

同太虛: 크게 하나로 비워진 자리)'이며, 능히 공이라는 이름을 붙일 수 없을 정도로 커질 수도 있고 작아질 수도 있습니다.

그래서 자기 능력에 따라서 작으면 작은 대로, 크면 큰 대로 노력하면 아주 큰 것은 아주 작은 것의 양이 되고, 아주 작은 것은 아주 큰 것의 근본이 됩니다. 이렇게 진실해 지면 이 공덕으로 나와 남이 모두 성불할 것입니다.

바닷물은 동서남북 사방에서 불어오는 바람 때문에 항상 출렁거리는 것처럼 보입니다. 그러나 깊은 밑바닥은 언제나 연못보다 고요하고 평화롭습니다. 세속에 살면서 우리들의 마음도 이와 같아야 합니다.

거칠고 힘든 일을 당해 울고 웃고 할지라도, 속마음은 돌보다도 움직이지 않고 고요해야 합니다. 마치 움직이지 않는 바닷속 고요가 출렁이는 파도를 지탱하는 힘이 되는 것처럼 말입니다.

'나' 비워야 바로 보고 쓰는 지혜 얻어

4월 초파일 부처님이 이 땅에 오신 뜻은 어디에 있을까요.
부처님은 우주만유(宇宙萬有)의 근원이요 생명 바탕의
기본입니다. 생명마다 시간과 공간 이전의 참된 진리가 있
는데 그것을 천진지혜(天眞智慧), 즉 마음자리라고 합니
다. 시간과 공간 이전의 모든 생명의 원천이라고도 하고 지
혜의 본 바탕이라고도 하는 것이죠. 모든 생명의 태어난 뜻
이 이와 같아서 천지의 등불이 되어 뭇 생명체들에게 생명
의 본 뜻을 알려주고자 부처님은 이 땅에 오신 것입니다.

한 생명이 우주생명의 근원이 되고 우주생명이 곧 한 생
명입니다. 모든 생명마다 길이 활짝 열려져 있고 생산법이
확실합니다. 모든 생명이 세포 하나하나의 기능을 제대로
발휘할 때 깨달음을 얻는 것입니다. 부처님오신날을 맞아
한 생명의 뜻을 직시하여 궁극에는 마음 근본자리가 얼마
나 밝은가 알도록 노력을 해야 합니다.

잘 살려면 사는 법을 알아야 하고, 사는 법을 알려면 마
음이 밝아야 합니다. 밝으려면 보아야 합니다. 아주 큰 깨
달음은 닦는 것도, 쌓는 것도 아니고, 바로 보는 것입니다.

그릇이 확실하면 다 수용할 줄 알고 몸과 마음이 확 밝게 됩니다. 그랬을 때 공해집니다.

지구는 공전, 자전과 풍마(風磨)로 깎아지고 먼지로 분해돼 공으로 돌아갑니다. 영원히 행복하려면 나의 다함이 없는 지혜를 발견해야 합니다. 이것이 자성청정(自性淸淨: 자성의 청정함)을 보는 원리입니다. 견성(見性: 성품을 깨닫는 것)은 부처님을 위하는 것이 아니고, 각자 생명의 다함이 없는 기본 원천입니다. 지혜는 상대에서 생겨난 것이 아니며, 형상도 공도 아닌 길입니다. 여러분의 모든 상대는 한마디로 나무 한 그루와 같고 지구처럼 큰 나무그늘과 같습니다.

나무는 처음 생성될 때에 불을 만나기로 약속되어 있습니다. 그 나무 한 그루가 불을 만나면 나무는 불로 바뀌져 버립니다. 불로 한번 바뀌지면 다시 나무로 돌아오지 않습니다. 이 얼마나 기가 막힌 인연입니까?

부처님 말씀에 복은 하늘이 주고, 진리가 주고, 자연이 주고, 천지가 주고, 상대가 준다고 했습니다. 마음은 모든 생명의 주인이고 씨앗이기에 풀 한 포기, 모기 한 마리까지라도 그 생명이 생성된 뜻을 안다면 우주 시방(十方: 상하(上下), 사방(四方), 사우(四隅)로 구성되는 공간) 법계(法界)의 모든 생명의 핵심이 되고, 전체의 생명은 한 생명의 주인이 되는 이치도 알게 됩니다.

비단 인간뿐만 그런 것이 아니라 모든 생명이 다 그와 같습니다. 그래서 한 생명이 확실하다는 것을 안다면 뭇 생명에 함부로 하지 못하고 내 생명만을 위한 월권(越權) 또한 할 이유가 없습니다.

생산법이 거기서 시작됩니다. 우리가 기억하는 인류의 역사는 5천년인데 종합평가를 해 볼때 위대한 정치인도 없고, 위대한 철인도 없고, 위대한 학자도 없습니다. 왜냐하면 아무리 커도 더 커야하고, 아무리 해도 더 잘해야 하니, 결국 밑바닥이다 이겁니다. 전체적으로 볼 때는 몸뚱이만 있고 눈이 없거든요. 지구가 몸 뿐이지 어디에 눈이 있습니까? 여러분이 나를 보는 눈이 진짜 주인의 눈이요, 답할 줄 아는 눈이 자성의 참된 표현입니다.

공부를 안하는 사람이 계(戒)를 지키려 하고, 경을 보며, 화두를 들며 참선하려고 합니다. 하지만 공부를 잘 하는 사람은 거기에 걸림이 없습니다. 때 묻지 않는 확실함이 있기 때문입니다. 청정 우주법계를 관장하는 것은 비로자나의 법체(法體)가 아니고, 비로자나의 모양이 아니고, 비로자나의 활동이 아닙니다.

옛날에 방 거사가 마조 스님에게 찾아가서 물었습니다.

"스님, 일체의 상대와 더불어 벗을 하지 않는 자가 누구입니까?"

마조 스님이 대답했습니다.

"한 입으로 유·무의 삼매상(三昧相)을 다 소화시켜야 너에게 이르리라."

숨이 떨어지기 전에 시간을 미루지 말고 때가 되면 인정사정이 없이 밀어부쳐야 합니다. 눈물을 흘려야 소용 없고 재산도 소용이 없습니다. 숨이 붙어있는 동안에도 우주 공간 속의 지구가 움직입니다. 모든 생명이 동시동처(同時同處)에서 같이 호흡을 해도 호흡의 기본량은 남지도 않고 모자라지도 않습니다.

자신의 천진지혜의 양도 그와 같습니다. 부귀영화나 제불 성현의 자격은 누구나 언제든지 갖추고 있는 것입니다. 주인 되는 이가 설계를 확실히 하건, 불확실하게 하건, 요놈을 처리할 줄 알면 됩니다. 마음이 얼마만큼 확실하게 체증(體證: 몸으로 증험)을 하느냐, 바탕이 얼마만큼 확실하냐, 이럴지언정 어디 딴 데서 무엇을 찾습니까.

무상대도(無上大道: 더없이 높은 대도)도 무생지(無生地: : 생도 멸도 없는 마음자리)에서 탄생하고 불은 뜨거운 것에서 끝나지, 크다 작다 할 수가 없는 것입니다. 생의 원리로 화하기 때문에 무생지서 생이 탄생된다면 그처럼 불과 같이 하자가 없어요. 그래서 그릇이 확실하다면 그것을 다 수용하고, 그릇이 불확실하면 시간이 걸리고, 그릇이 아니라면 아(我)가 공(空)해버려야 합니다.

심신의 건강을 헤아리는 것도 우주법계가 무한이기 때문에, 무한으로 저장하면 끝나기 전에 다시 되돌려도 그 인격과 성불의 경지를 다 알려 주고도 모자라지 않습니다. 그러기 위해서는 이처럼 건강해야 합니다. 그 마음이 건강해서 건강의 댓가가 일체중생에게 회향되었으면 좋겠습니다.

여러분이 성불하면 내가 다시 돌아오고, 성불 하지 않으면 돌아오지 않을 것입니다.

4월 초파일 부처님오신날, 날마다 부처님오신날 되어 여러분들 성불하기 바랍니다.

선(禪)은 우주와 삶의 이치를 바로 보는 것

풀 한포기, 벌레 한 마리도 그 생명은 존귀합니다. 모든 생명에는 차별이 있을 수 없습니다. 천지자연의 모든 생명은 그 생명을 유지하는 밑받침을 가지고 있고 그 길은 항상 열려 있는 것입니다. 세상의 이치도 이와 같습니다. 천지자연의 근본에 문제가 있는 것이 아니라 사람들의 각자 생각에 문제가 있기 때문에 남을 탓하고 세상을 어렵게 만드는 것입니다. 본시 하나의 근본 생명에서 일체중생의 만복(萬福: 만 가지 복)이 이뤄지는 것입니다. 흠처(欠處: 모자란 곳)가 있으면 보충하면 되는 것이고, 전부가 흠처라면 자신을 버리면 되는 것이구요.

사는 게 고(苦)라고 생각하는 사람들이 많습니다. 하지만 한 생각 돌려보면 그리 어려울 것이 없습니다. 우리 모두가 바라는 것은 말할 것도 없이 자신의 행복입니다. 그런데 행복해지고 싶다고 모두 행복해지는 것은 아닙니다. 즉 마음으로 바란다고 해서 모든 것이 다 이뤄지는 것이 아니란 뜻입니다. 행복하려면 밝아야 합니다. 마음도 밝아야 하고, 보고 듣는 것도 밝아야 합니다. 밝으면 시비할 것이 없습니다. 어두운 탓으로 시비가 생기는 것입니다.

밝기 위해서는 견성대각(見性大覺: 성품을 보아 크게 깨달음)이 있어야 하는데, 이 견성대각을 위해 가장 필요한 것은 생산지혜입니다. 자신이 못나고 어리석다고 생각하는 사람이 있다면 그것은 실제로 그래서 그런 것이 아니라 자신의 근본자리인 마음이 확실하지 않기 때문입니다. 마음이 정해지면 노력하게 되고, 노력이 뒤따르면 아무리 어려운 것이라도 못 이룰 것이 없습니다.

견성도 본인 마음이 정한대로 따라가는 것입니다. 제불성현도 아무런 권한이 없습니다. 노력은 지혜를 얻게 하고, 자연법의 이치를 터득하게 합니다. 선(禪)의 요체가 무엇입니까. 대우주와 자연, 생명의 이치를 바로 보고자 함입니다. 생활철학이 명확하면 처음 시작과 마지막에 아무런 문제가 없습니다. 선(禪)도 여기에서 출발하는 것입니다.

나는 출가한 이후 오로지 참선수행에만 매달려 왔습니다. 흔히들 선이라고 하면 밤나무에다 대나무를 접(接)하는 것처럼 매우 추상적이며 비(非)세간적인 것으로 생각합니다. 그러나 선은 결코 추상적인 것도 비세간적인 것도 아닙니다. 선은 참(여기서는 개념화된 진리를 뜻한다)마저 무너지고 우주의 진면목을 확인할 수 있는 지혜를 말하는 것입니다. 끊임없는 자기 성찰과 이를 위한 노력이 선의 시작인 것입니다. 선의 시작이 이럴진대 어떻게 선이 추상적이고 비세간적이라 할 수 있습니까.

선가(禪家)에 '불립문자(不立文字: 문자를 세우지 않는다) 교외별전(敎外別傳: 말씀 밖에 따로 전한 마음의 도리)'이라는 말이 있듯이 선은 언어나 문자, 행동으로 표현할 수 있는 것은 아닙니다. 어떠한 의식이나 사상으로 여여하게 표현하려고 해도 도저히 표현할 수 없음은 예나 지금이나 불멸의 원칙입니다.

여기 하나의 물건이 있다고 합시다. 그런데 그 물건의 핵심과 경지는 아무리 타인에게 가르치려 해도 불가능한 것입니다. 오직 스스로 느끼고 터득해 자신의 의식과 사상으로 실천하고 체험하는데서 비로소 획득할 수 있습니다. 선도 이와 마찬가지입니다. 스스로 느끼고 맛보는 것밖에 달리 선을 느낄 수 있는 방법은 없습니다.

세상 사는 이치는 선과 다를 것이 없습니다. 부처님이 되고자 마음을 정하면 얼마든지 부처님이 될 수 있습니다. 한 가지 일에 마음을 정하고 머무르지 않고 실천한다면 거기에 선이 있고, 도가 있는 것입니다.

본래의 마음자리가 정해진 것을 어떻게 알 수 있는지를 궁금해 하는 사람들이 많을 것입니다. 생각해 봅시다. 천지자연이 우리를 이렇게 저렇게 만듭니까. 아닙니다. 우리의 한 생각이 자연법을 결정하는 것입니다. 과거와 현재를 보고 미래를 볼 줄 아는 것은 나를 버리고 우주법계의 순리를 깨달아야만 가능한 것입니다. 이렇게 마음 쓸 줄 알면 한 번 부딪친 것은 두 번 부딪치지 않게 되고, 그러면 안이비설신의(眼耳鼻舌身意)가 필요 없게 됩니다. 결국 자기 계산에 속지 않는 것이 마음을 정하는 시작이자 마지막인 것입니다.

요즘은 별로 충효(忠孝)를 강조하지 않는듯 합니다만, 예전에는 교과서는 물론 어디 가도 충효를 강조하는 문구가 눈에 많이 띄였습니다. 충(忠)이란 본시 천지의 지혜를 말합니다. 천지의 지혜는 일을 처리하는 용맹을 의미하는 것입니다. 효(孝)는 생활질서를 말하며 행복을 의미하는 것입니다.

오늘날의 정치인들을 한 번 봅시다. 온갖 추한 짓은 다 하면서도 겉으로는 고상한척 '지도자입네' 하고 있으니 얼마나 한심한 노릇입니까. 도대체 그 사람들 충효를 제대로 배우지 못한것 같아요. 용맹이 부족하니 남의 돈 받아 먹고 오리발이나 내밀고, 생활질서를 문란시키니 국운이 강해질 리 없는 것은 당연한 이치일수밖에요.

국가의 기초는 가정입니다. 가장이 한 몸에 덕을 쌓고 천지자연의 질서에 따라 열심히 생활하면 그것이 곧 우주와 성현에 공양(供養: 음식, 꽃, 정성 따위를 바치는 것) 올리는 일이고, 국운을 상승시키는 것입니다.

또 몸이고 정신이고 건강해야 수행도 열심히 할 수 있습니다. 건강을 지키는 비결은 따로 없습니다. 어릴 적 마음이 죽을 때까지 변치 않는 것이 중요합니다. 심신이 하나로 합쳐져 성성(惺惺: 또렷또렷)하면 모두가 건강할 수 있습니다. 평상심(平常心: 꾸밈이 없고, 시비(是非)가 없고, 취함과 버림이 없고, 한결같아서 끊김이 없고, 속됨도 없고 성스러움도 없는 마음)을 유지해 보세요.

'나'라는 생각을 버려야 합니다. 아(我)가 공(空)해야 바른 공부를 할 수 있습니다. 나를 버리면 장사를 하든지, 공부를 하든지, 도를 닦든지, 염불을 하든지 제불성현과 똑같이 밝은 지혜를 열 수 있기 때문입니다.

일체만법(一切萬法)을 굴리는 원리

정법(正法)시대든지 말법(末法: 정법이 끊어져 불법이 쇠약해 지는 시기)시대든지, 이 세상의 어느 시대든지 평등과 불평등은 같이 있었습니다. 단지 생각이 '밝은 것(생명의 본성, 불성)'에 닿느냐 닿지 않느냐에 따라 평등하냐 불평등하냐가 좌우되는 것입니다. 그렇기 때문에 원래 '무엇이 평등이고 무엇이 불평등이다'라고 정해진 것은 없습니다. 그때그때 알아서 처리할 줄만 알면 되는 것이죠.

그러나 처리할 줄 아는 능력이 얼마만큼 되느냐 하는 것은 그 사람의 역량에 달렸습니다. 천지를 다 처리할 줄 아는 사람이 있는가 하면 어느 한 부분만 처리할 줄 아는 사람도 있으며, 자기 몸조차 처리하지 못하는 사람도 있습니다. 다 자기 역량대로 사는 것입니다.

그렇기 때문에 한마디로 밝아야 합니다. 밝음, 이것은 부처님이나 우리나, 풀 한 포기나, 돌멩이 하나나, 벌레 한 마리나 내용은 모두 똑같습니다. 밝음, 이것은 근거가 따로 없습니다. 밝으면 공간으로도 시간으로도, 유(有)로도 무(無)로도 순서로도 방법으로도 상대가 없는 것입니다.

그래서 어느 누구든지 자기 역량대로 사는 것입니다. 이 산에 있는 수목들도, 풀들도 자기 태어난대로 기능을 발휘하는 것입니다.

근본 생명이라는 것은 따로 구별이 없습니다. 생명의 원자체는 구별이 없는 것입니다. 모든 생명이 단박에 밝아지면 그 지혜는 '대동태허(大同太虛: 크게 하나로 비워진 자리)'가 됩니다. '대동태허'는 한계나 근거가 있거나 상대가 있는 것이 아니기 때문에, 그 심성은 누구나 똑같습니다. 그러나 이것은 한 표정이고 장막일 뿐이지 전부는 아닙니다. '대동태허'라고 해도 내 본성에 비하면 한 장막이요 일부분일 뿐입니다.

측량할 수 없는 내 자성자리가 천지자연을 창작해냈습니다. 본성이 다 밝아지면 스스로 천지 자유세계를 창작해냅니다. 나뭇잎 하나, 벌레 하나, 돌멩이 하나가 천지의 일인자 역할을 할 수 있습니다.

말할 수 있고, 상대할 수 있고, 표현할 수 있고, 실천할 수 있고, 작동할 수 있고, 거두어들일 수 있고, 또 있기도 하고 없기도 한 그런 표현은 한마디로 한 생명의 연관성과 관련돼 있습니다. 어느 생명이든 본래의 생명이라 함은

'무한'이란 두 글자와 연결되어 있습니다. '무한'이라는 두 글자는 '삼세제불(三世諸佛: 과거 현재 미래의 모든 부처님)'을 의미합니다. 부처님의 경지, 문수보살의 경지, 중생의 원리도 똑같습니다. 그렇기 때문에 '다(전부)'라고 해도 맞고 '하나'라고 해도 맞습니다.

한 생명은 '무한'합니다. '무한'이란 두 글자는 '진리'를 말합니다. '진리'는 질적으로나 양적으로나 하자가 아니라는 말입니다. '진리'를 분석하면 바로 앞에서 말한 '밝은 요놈'이 됩니다.

중생들은 잘못된 방향으로 가기도 합니다. 남의 탓을 하기도 합니다. 잘못은 자기가 하고서도 상대방에게 떠넘기기도 합니다. 그러나 성현들은 결정을 본인이 하기 때문에 상대방 때문에 성공했다고 공로를 내어줍니다. 그러나 빈손으로 오는 원점은 똑같습니다. 중생이나 제불성현이나 똑같습니다.

지금에 와서는 자신도 판단력을 가지지만 그래도 이것을 육안으로는 보지 못합니다. 마음으로 보니까 작동도 하고, 긍정도 하고, 율동도 하는 것입니다. 허공과 같이 끝이 없고 근거가 없지만 나는 되든 안되든 단박에 밝아지는 것이 목표입니다. 밝기 전에도 단박에 밝아지는 것을 목표로 세우면 계속 발전하게 됩니다. 평생 물을 마셔도 새 물이고, 평생 공기를 마셔도 새 공기이듯이 이것도 한번 이뤄지면 계속 새 것입니다. 그것을 알면 갈수록 밝아지기 때문에 '끊어야 한다'라는 처리법도 알고, 그래서 끝으로 가서는 능히 일체만법(一切萬法)을, 나와 상대를 처리할 줄 알게 됩니다.

그렇게 중심이 서면 목표 주변에 6명의 심복자(心腹者)가 있습니다. 크게 말하면 동서남북과 상하가 6명의 심복이며, 작게는 끝도 가도 없는 밝은데서 눈이 하는 일, 귀가 하는 일, 코가 하는 일, 입이 하는 일, 몸이 하는 일, 생각하는 일이 바로 그것입니다. 그런데 이 사람은 권한을 쓰지도 못하고, 권한을 부리지도 않고, 마음이 결정한대로 합니다. 마음은 형상이 아니기 때문에 어디에든 있습니다.

중생의 판단력이 6명의 심복입니다. 마음이 잡된 자는 잡되게 뒷받침해줍니다. 그렇게 한평생 자기 역량대로 삽니다. 그렇기 때문에 뒤처리 다 해주고도 떠나지 않고, 떠날 수도 없고, 또 기회가 오면 자기가 죄를 지은 만큼, 복을 지은 만큼, 수행이 된 만큼 대인으로 태어나기도 하고, 소인으로 태어나기도 하는 등 자기 역량대로 태어나게 됩니다.

또 한계가 다하면 천지자연도, 성주괴공(成住壞空: 우
주가 생성되고, 머물고, 파괴되고, 공으로 돌아가는 끝없
는 생성과 소멸의 과정)도 원리에 의해 작동합니다. 이 지
구가 공전, 자전해서 어느 정도 회전해서 양이 차면 육지
가 바다로 바뀌고, 바다가 육지로 바뀌고, 이 지구가 공전,
자전해서 어느 정도 양이 차면 그때가서는 물체의 종말이
옵니다. 그러나 이것은 지구의 종말이 아닙니다. 그러다가
또 얼마만큼 지나서 냉(冷)과 열(熱)이 균형이 맞으면 지
구는 다시 자연의 힘을 발산하기 시작합니다. 뿔룩뿔룩 숨
을 쉬면서 산이 되고 평지가 되고 또 지구 자체 힘으로 허
공에 물을 잘 간직하고 있다가 바다가 생기고….

이처럼 부처님은 위대하십니다. 지상 뿐 아니라 우주 공
간의 태양까지도 다 말씀하셨으니까요. 알고 보면 지혜와
복을 부처님이 주는 것이 아니라 생명들이 그 원리를 타고
나는 것입니다. 지구도 인연법에 의해 사람의 생로병사(生
老病死)의 원리와 같이 그렇게 전개됩니다. 그래서 우리는
부처님 법에 귀의(歸依: 부처님과 불법과 승가(僧伽)로 돌
아가 의지함)해서 이렇게 수행을 하고 있는 것입니다.

심신이 공해야 바로 쓸 수 있다

자기 생명이 확실하다고 생각하는 사람은 진리가 하나임을 분명히 직시합니다. 하나에서 유·무의 생명이 탄생되어 살아가는 길은 부처님이나 중생이나 동물이나 생물이나 생명에 해당되는 것은 똑같기 때문입니다. 끝없이 밝고, 끝없이 어둡고, 끝없이 자유롭고, 끝없이 부자유하며 걸어가는 것까지 모두가 똑같다 이겁니다. 뜻이 확실한 사람은 이 세상에 태어나서 죽기 전에 나와 상대가 동일한 터전에서 성불을 추구합니다.

그러나 어떤 이들은 나중에 할 일을 먼저하고 먼저 할 일은 나중에 하면서 일은 본인이 그르쳐 놓고 세상 사람들이 나를 속였다고, 세상이 무상하다고 합니다. 세상이 무상하다고 자기 잘못을 남에게 떠 넘기는데, 실제는 본인에게 책임이 있습니다.

진리는 하나입니다. 하나에서 생명이 시작했는데 생명을 놓아두고 이전으로 거슬러 올라가면 공(空)입니다. 하나가 이루어지기 전에는 생겨도 무생(無生: 태어남이 본래 없다)입니다. 무생지(無生地)에서 생이 탄생되면 그

생 자체에 하자는 없습니다.

말 그대로 아주 큰 것은 닦는 것이 아니고 쌓는 것이 아니요 바로 보았을 때 입니다. 그릇이 확실하다면 다 수용하고 심신이 공해야 합니다. 바로 쓸 줄 알아야 합니다. 만일 그 그릇에 차이가 있다면 지구가 천번 만번 생겨서 없어질 때까지 노력을 해야 바로 보고 쓸 줄 아는 이치에 다다르게 됩니다.

'나' 라는 생각을 비어버리고 장사를 하든지 싸움을 하든지 도를 닦든지 염불을 하든지 정치를 하든지 문학을 하든지 자기가 노력하는 과정은 제불성현과 똑같습니다.

잘 살려면 밝아야 하고 밝으려면 천진(天眞: 본래부터 참된)의 지혜가 확실해야 됩니다. 그러기에 우리 중생도 공부는 상근기(上根機: 타고난 뛰어난 자질)가 필요 없습니다. 소승(小乘: 진리의 작은 수레. 생각을 끊고 마음을 비게하여 구도자가 열반의 고요한 즐거움을 얻도록 하는 가르침), 대승(大乘: 진리의 큰 수레. 나를 희생해서라도 모든 중생을 즐겁고 편안하게 건져 주겠다는 보살을 위한 가르침)이 필요 없고 일등이 필요 없고 근기의 많고 적음이 필요 없습니다. 공부가 안되는 것은 마음이 한결같지 않기 때문입니다. 이러한 이치를 알지 못하면 중생을 구제할 수 없습니다.

또한 기도는 어려운 것이 아닙니다. 바로 보고 오직 굳은 마음만 정해지면 되는 것입니다. 마음이 정해지면 뜨거워서 견딜 수 없도록 노력을 해야 타버리고, 차가워서 견딜 수 없도록 노력을 해야 얼어버립니다. 뜨거움과 차가움을 동시에 잊을 정도로 공부를 해야 성취가 이뤄지는 법입니다. 어떠한 수행도 마찬가지입니다.

선지식은 지혜로운 의사와 뱃사공

　진실한 선지식(善知識: 지혜와 덕망이 있고 사람들을
교화할 만한 능력이 있는 스승)은 여래(如來: 부처님)와
보살(菩薩: 위로 깨달음을 구하고 아래로 중생을 제도하
는 대승불교의 이상적 수행자상)이오.

　여래와 보살은 지혜로운 의사와 같소. 중생의 병과 그
약을 알고 병에 따라 약을 주어 낫게 하기 때문이오.

　여래와 보살은 또 뱃사공과 같소. 나고 죽는 괴로움의
바다에서 중생을 건네 주기 때문이오.

　여래와 보살은 모든 선한 법의 바탕이오. 그러므로 중생
들은 여래와 보살로 인해 선한 법을 갖추게 되는 것이오.

　선지식이란 부처님과 보살과 대승경전을 믿는 사람이
오. 그들은 중생을 교화하여 열 가지 나쁜 업을 버리고 열
가지 선한 업을 쌓게 하기 때문이오.

　또 선지식은 법(진리)대로 말하고 말대로 행동합니다.
스스로 살생(殺生)하지 않고 다른 사람도 살생하지 않게
하며, 스스로 도를 닦고 다른 사람에게도 도를 가르쳐 닦
게 합니다.

자기의 즐거움은 돌보지 않고 항상 중생을 위해 즐거움을 구하며 남의 허물을 볼지라도 그의 단점을 말하지 않으며, 남을 위해 착한 일만 하는 것이 선지식이오.

허공에 걸린 달은 보름이 가까워 질수록 점점 차 가듯이, 선지식도 배우는 이로 하여금 나쁜 법은 멀리하고 선한 법은 자라게 하는 것이오.

그러므로 선지식을 가까이 섬기는 사람은 본래 계행과 선정과 지혜와 해탈과 해탈한 지견(知見)이 없었더라도 단박 갖추게 됩니다.

네 생명의 출처를 밝혀라

생명 하나하나가 어떤 근거가 없이, 상대가 없이 단번에 밝아지면 각자 타고난 자성과 심성의 지혜, 즉 대동태허의 본심은 일체 만유의 회주(會主: 사찰이나 모임을 이끌어가는 덕 높은 스님) 역할을 합니다. 천지지간, 우주가 생기기 전에 언제 이런 말을 듣기로 계약을 했으며, 언제 이런 말을 하기로 약속했는가요. 생각이 있으면 스스로 뒤처리를 완전히 정리할 수 있는 행복이 누구에게나 다 옵니다.

여러분들은 잘 들으시오. 사는 생활에 시기, 질투, 모략, 중상, 빈정거림, 한숨을 내쉬고 한숨을 들이쉬는 사회에 한 생각 바로 하며 사는 사람이 없을 겁니다. 있으면 그 모양, 그 꼴로 표정이 변화겠어요.

나는 평생을 부처님께 헌신했지만 노력한 공로가 내 몫은 하나도 없어요. 빈손으로 와서 빈손으로 가는 건데, 빈손은 지혜의 판단력과 마찬가지 입니다. 판단력을 그대로 표현하자면, 일체중생이 결정은 본인이 하고 이루어지는 것은 천지자연의 공덕으로 다 성숙해 가는 것입니다. 한 사람의 공로로 일체중생이 다 성인이 되고, 일체중생이 생사를 뛰어넘어서 영원한 행복을 안겨줄 수 있는 여건을 표현하고 가니, 나는 아무 가진 것 없어도 배가 부릅니다. 오늘 이렇게 시간이 있어서 된 소리, 안된 소리 지껄일 테니 잘 들어두면 집에 가서 크나 큰 지혜가 되고 행복이 될 수 있는 자원이 되니까 잘 들으시오.

어느 것이 빈손이냐, 지혜의 판단력이 빈손입니다. 이 세상에 오고보니 천지자연은 내가 이루어지기 이전에 이미 갖춰져 있고, 내가 이제부터 할 일은 한 생각 결정을 해서 일체중생의 생사여탈(生死與奪: 삶을 주거나 목숨을 뺏는)과 성불의 재료가 되고, 일체중생의 영원한 행복이 될 수 있는 폼을 재고, 결정을 잘 하는 것이 기본방침입니다.

이 세상에 오고보니, 모든 생명의 생에서 사로 걸어가는 과정이 석가모니와 같이, 태양과 같이 하자가 없습니다. 하자가 있다면 개념이 불확실하고 거기에 차이가 있지, 개념이 정리가 된 사람은 생명이 시작할 때 한계가 없고 상대가 없는(절대적인) 데서, (더 이상의) 근거가 없는 데서 생명이 탄생되었기 때문입니다. 한 사람의 능력이 천지자연의 생사를 뒤처리해 주고도 줄어들지 않는 자원이 확실하기 때문에, 태어남이 없는 데서 나와 가지고 뒤처리할 것 없는 데로 걸어간다 이겁니다. 그래서 살아있는 귀신이나, 죽어있는 영가나 어느 누가 나한테 부탁하면, 이렇게 법문해 줍니다.

"영가(靈駕: 영혼)야, 들어라 생은 본래 무생이다. 네 생명의 출처를 보면 하자가 없는 데서 생겨날 때 너는 그대로 한 생각 밝히는 태양과 같이, 무변대해(無邊大海: 끝이 보이지 않는 바다)와 같이, 우주에 꽉 찬 바람과 같이, 생명이 산소 호흡을 해도 호흡이 줄어들지 않는 공기와 같이, 모자람이 없이, 남음이 없이 유유히 걸어가면 처리할 것 없는 경계, 남[生]이 없는 데서 나와 가지고 멸함이 없는 데로 간다."

생멸은 본래 공합니다. 낳는 법, 죽는 법은 한 생각이니, 오늘 설계를 잘 해서 설계 과정이 다 하면 죽는 거고, 한 생각 설계를 잘 하면 다시 태어나는 것입니다. 낳고 죽는 것은 한 생명이 살아나가는 데 자기 본성을 드러내는 장엄일 뿐이지, 실제가 아니기에 공하다고 한 것입니다. 본성은 천지생명을 다 창작해 내도 따라 나오지 않고, 줄어지지 않고, 뒤처리해도 따라가지 않아요.

그런데 여러분 들으시오. 영원히 행복하려면 타고난 심

성이 단번에, 한 시선에 천지를 식별할 수 있고, 천지를 다 처리할 수 있고, 천지를 다 통달할 수 있는 그런 지혜를 내서 한번 떡 설계해 놓으면, 그 지혜가 우주에 꽉 차서 끝없이 이어가거든요.

우리 지구 땅덩어리만 두고 봐도, 바다 밑에 있는 고기들이 수 없이 많지 않습니까. 수많은 생명이 그 모습이 같은 건 하나도 없어요. 각각 성질이 다 다르고, 지상에서도 산천초목의 모든 식물들을 봐도 하나도 같은 것이 없으며, 각각 다 성분이 자유자재입니다. 거기에 움직이는 생명들은 끝없이 숫자가 많아도 어느 하나 같은 것이 없이 각각 다르고, 모두 단독으로 천지를 움직일 수 있는 기상을 타고납니다.

그런데 이 지구가 한 사람의 생명과 같다면, 이 지구라는 한 생명이 수많은 생명을 생산 해내고 뒤처리하고도, 인연법에 따라 다음 해 입춘이 오면 또다시 생명을 창작해내서 가을에 결실을 맺고, 식물은 동물의 식량이 되고, 동물은 우리 식량의 밑받침이 되고, 그렇게 끝없이 무한으로 생명의 지혜와 덕이 끝없이 이어져 가거든요.

그럼에도 여러분이 듣고, 내가 말하는 이 자성은 전혀

줄어들지 않아요. 내 한사람의 마음이 밝아져서 부처님과 같은 지혜로 천지 생명을 창작해서 우주에 꽉 차게, 대동 태허의 지혜의 마음으로 설계사 역할을 해서 천지를 창작해내도 자성, 본성에다 비유하면 한 장막에 불과해요. 태허도 한 그림자에 불과하다, 자성은 줄어들지 않는다, 정말 묘하지 않습니까?

성불한 한 사람이 우주에 꽉 찬 생명을 탄생시켜 끝없는 지혜를, 일체중생이 다 천지를 통솔할 수 있는 지혜를 안겨서 끝도 없는 덕을 동반해서 이어져가도 본성은 줄어들지 않는다는 것을 명심하시기 바랍니다.

마음의 여섯 심복을 잘 부리는 법

"이 지역의 제불성자(諸佛聖者: 여러 부처와 성자)여, 공겁(空劫: 생성과 소멸을 반복하는 우주의 시간 가운데 공(空)으로 사라지는 오랜 시간)에서부터 이 시간에 이르기까지 그동안 누진겁(累進劫: 헤아릴 수 없는 아주 오랜 시간)에 얼마나 굶주렸나. 지금 이 시간부터 잠을 깨라."

내가 어디에 가든지 산중에서 법문을 하면 이렇게 서두로 말해 놓고 설법하기 시작합니다. 여러분은 들으시오. 그렇게 큰 법문을 어떻게 듣느냐 그러지 말고 내 말소리가 귀에 들리고 내 모습이 눈에 보이면 옛날 고불(古佛)과 같이, 석가모니불과 문수보현과 같이 그 차원은 피장파장이란 말이오. 당신도 보는 눈은 똑같고, 듣는 것을 좋아하기도 하고 싫어하기도 하고, 나도 좋아하기도 하고 싫어하기도 하고, 뒤처리를 하기도 하고 시간이 해결하기도 하는 것은 마찬가지입니다. 그건 왜 그러냐 하면 깨닫지 못한 사람도 나를 볼 수 있고 내 말을 들을 수 있으면 석가모니 부처님의 지혜하고 연결이 된 것이기 때문입니다.

"아하, 이제부터는 되든 안되든 내가 타고난 심성에 단번에 밝아져야겠다."

그러면 돌에다 돌로 탁 치면 불이 일어나는 것과 같이, 밝아지면 지혜의 판단력이 생겨요. 고놈은 천지를 덮고도 남는 지혜가 돼서 끝없이 이어가고 줄어들지 않아요. 내 본성은 언제 무엇을 했는지 안했는지 그것도 모릅니다. 오래오래 기도를 많이 하고, 오래오래 참선을 많이 하고, 오래오래 듣는 법, 보는 법을 연습하면 그건 가능하거든요.

이봐요, 내가 말하는 소리를 듣는 것은 부처님이나 우리나 똑같지 않아요. 그러니까 그것은 뭐냐 하면 마음의 중심이 정해졌기 때문에, 들을 수 있도록 정해져 있기 때문에 번뇌 망상은 필요가 없고, 딱 듣는 순간에 번뇌 망상이 규합이 되거든요.

이렇게 쉽게 말을 해줘도 듣는 사람이 어둠하고 더듬하면 나는 실제는 그렇지 않지만 가식적으로는 애가 터지고 보가 터집니다. 당신들이 다 죽어도 내가 눈이나 깜짝하게 생겼나요. 자비란 게 있어서 그러지요. 기왕에 죽을 쑤려면 먹기 좋게 쑤고, 기왕에 밥을 지으려면 고시르르 하게 지어야지, 그런 뜻에서 말한 것입니다. 항상 말하지만 타고난 심성이 다 밝아야겠다 그 말인데, 그 내막을 얘기할 거니까 들어보세요.

시간과 공간 내에 보이는 것이든, 안 보이는 것이든지 본래의 한 생명에 연관이 되어있거든요. 거기에 다 맞는 한마디가 뭐냐? '밝음' 요놈이 근거가 되어 가지고 온갖 생명체가 탄생됩니다. 그 원리를 분석해 놓으면 풀 한 포기, 돌멩이, 벌레 한 마리까지, 쉽게 말해서 부처님의 경지에 이르기까지 밝음을 근거로 해서 자기 역량대로 삽니다.

그러니까 돌멩이 하나, 풀 한 포기라도 그 원리를 분석해보면 무한(無限)이라는 두 글자가 연결되었거든요. 어째서 무한이냐? 천지가 가만히 있으면 무한이라고 할 수가 없고, 한계가 있는 것에 속하지요. 무한이라는 글자는 솟아나는 샘처럼 계속 새롭다는 거거든요. 평생 밥을 먹어도 새 맛 아니던가요. 낮의 밥맛을, 저녁에 밥을 먹을 때 다시 맛볼 수는 없어요. 평생 숨을 쉬어도 그 공기가 새 것이고, 평생 사랑을 해도 어제의 사랑 맛이 오늘은 지겨워서 '에잇, 고만하겠다' 고 말하고서는, 또 볼 때마다 사랑하거든요.

사랑은 이성에 대한 편벽증만이 사랑이 아니라, 돈을 좋아하는 것도 사랑이요, 사람을 예뻐하는 것도 사랑이요,

여자와 남자가 '죽어라 살아라' 하며 싸우는 것도 사랑이요, 팔고 사들이는 것도 사랑이요, 전부가 사랑 아닌 것이 없습니다. 이런 것들은 그 무엇이 원인이 되냐 하면 밝음이 원인이 되어서, 어느 생명이든지 무한이란 두 글자가 연결되어 있기 때문에 이런 것입니다. 무한이란 가만히 있는 것이 아니라 계속 새로운 것이니까요. 또한 무한이란 두 글자를 분석하면 천지자연 생명계가 삶을 시작하기 이전을 돌아보는 거예요. 측량할 수 없는 내 타고난 성품이 천지자연 생명계를 한 찰나에 창작해 내서 끝없이 한 생명이 수많은 생명을 생산해서, 생물마다 수많은 생명의 지혜가 이어져 가도록 그토록 한 자성자리가 천지 생명계의 길을 열어줍니다.

그래서 무한이란 두 글자를 분석하면 만덕(萬德: 모든 덕성)의 진상, 각자 타고난 자성은 시방삼세 제불성현(諸佛聖賢)이 국민의 죄가 다 하도록, 그 한사람의 타고난 성품을 헤아려도 끝이 없어요. 부처님께서도 일찍이 "나를 따라 살라는 것이 아니다. 나도 경험을 해보니까 너희들도 타고난 생명, 본질의 타고난 생명을 계발하면 나와 똑같다"고 하셨어요. 너희들 사는 방법을 일러주는 것이지, 너희한테 복을 주고 생명을 주고 그러는 것이 아니라는 것이지요. 그렇지 않아요? 아들이 20세까지는 부모한테 굽신굽신 하지만, 스무살이 넘으면 이렇게 말하죠.

"그만하세요. 먹을 것도 너무 먹으면 밥도 맛이 없는 거요. 우리도 부모님과 같이 생산법을 알았소."

석가모니 부처님도 사는 행복과 방법을 그렇게 일러주는 겁니다.

그렇다면, 밝아야 한다는데 어떤 식으로 밝느냐. 내 타고난 심성은 더 이상의 근거가 없다는 겁니다. 공간이라도 생처(生處: 태어난 곳)가 아니고, 출처(出處: 나온 곳)가 아니고, 상대적인 것이 아니고, 방법이 아니고, 기회가 아니고, 숫자가 아니거든요. 단번에 밝아질 때, 천지가 이뤄지기 이전으로 돌아가 천지의 생명을 다 통솔할 수 있게된다는 거죠.

누가 거들지 않아도 속에서 생각을 잘못하면 염병을 하도록 화가 안 생기든가요. 뭐가 잘 되면 기쁜 생각이 안 나던가요, 상대가 없이도 말이죠. 그러니까 나무가 나무끼리 문질러도 불이 일어나고, 돌끼리 문질러도, 흙끼리 문질러도, 쇠끼리 문질러도 불이 나고, 바람끼리 문질러도 불이

나고, 여건만 맞으면 한시라도 가능하거든요.

　사람은 상황에 따라서 오랜 세월 고생을 하고서 뭔가를 이루기도 하고, 단번에 이루기도 합니다. 지혜의 판단력이 생기면 안되는 법은 없어요. 판단력은 근원이 없는 곳에서 이뤄지기 때문에 대화를 해도 말 끝나기 전에 답이 척척 나오고, 자유자재한 거죠. 그렇기 때문에 근원이 없는 데서 나온 판단력은 써도 써도, 백억만 종을 한 시선으로 이리 치고 저리 치고, 처리법이 자동적으로 나오는거요.

　그러니까 소원이 성취되고 복이 계속 생산되려면, 근원이 없는 데서 소원이 이뤄지면 됩니다. 이러면 복을 아무리 써도 줄어들지 않죠. 생각만 하면 이내 다 성취되는 거고, 그럴려면 꼭 믿어야 하고요. 농군이 논밭에 씨를 떨어뜨리면 그대로 종자가 안 나옵니까. 그와 마찬가지지요.

　마음은 천지자연을 창작해 내는 원인이 됩니다. 그것이 사실이라면 그것을 관리하는 주인이 될 수 있어요. 어머니 아버지가 새끼를 낳았으면 죽을 때까지는 딴 사람한테 양보를 안 하고, 백 살 된 노인이 팔십 살, 구십 살 된 자녀를 어린 애로 생각해서 죽어야 마음을 놓는 것과 같거든요. 자기 책임 완수하느라고 그래요. 그러니까 마음은 천지자연을 생산해 내는 원인이 되고 그 사람은 관리하는 주인인 겁니다.

그래서 근원이 없이, 상대가 없이 단번에 밝아지면 판단력이 생겨요. 판단력이 생기면 몸에서는 판단력을 뒷받침할 수 있는 지혜가 생겨요. 그놈을 외형으로 따진다면, 처음 몸에서는 병원의 병실처럼 소독이 되고, 그 다음에는 부족한 게 보충이 되고, 그 다음에는 강해지고, 그 다음에는 빛이 납니다. 태양과 같이 빛이 나면 상대적인 모든 생명들은 그 빛을 보고 이것은 무슨 복의 광명, 이것은 돈의 광명, 지혜의 광명, 생사 뒤처리의 광명이라며 다 식별을 하거든. 부처님의 광명을 식별하듯이 말이죠.

그렇게 되면 이런 말이 나옵니다.

"아하, 내가 판단력이 생기니 심량(心量: 막힘이 없는 광대한 마음을 뜻한다)은 원래 대동태허다. 내 지혜의 양은 원래 대동대허의, 끝도 가도 없는 본래 내 지혜가 다 장식이 된 것을 이제야 알았다, 뒤늦게야."

그래서 심량은 원래 대동태허인데, 우주적인 장엄(莊嚴: 웅장하며 위엄 있고 엄숙하게 치장함)을 해도 내 본성인 거기에 비하면 한 장막에 불과합니다. 하나의 그림자와 비슷한 겁니다. 그와 같은 생산의 댓가가 끝도 없이 계속 되는데도 우리 자성은 부동(不動)하거든요. 이것은 한번 습관을 잘 들여놓으면 안으로는 누진법(累進法: 무한한 진리)에서 대자유를 얻고, 밖으로는 유정법(有情法: 생명 체가 갖는 이치)에서 무한이라는 행복을 불러일으키는 거 예요. 이 말은 우리만 듣는 게 아니라 천지자연 생명계가 다 동감하는 거예요.

그렇게 해서 마음에 판단력이 생기고 중심이 생기면 생 명들마다 자기 주변에 여섯 심복(心腹)이 있음을 알게 됩 니다. 이것은 크게 말하면 동서남북(東西南北)과 상하(上 下)요, 축소판으로 정확하게 말하면 내 눈이 하는 일, 내 귀가 하는 일, 내 코가 하는 일, 내 입이 하는, 내 몸이 하는 일, 내 생각이 하는 일이죠. 이것들은 마음이 결정한 대로 복종하는 겁니다. 작게 결정하면 작게 이루어지고, 악(惡) 하게 결정하면 악하게 이루어지는 것입니다.

지금 한 말과 같이 끝도 없는 지혜를 생산해서, 끝도 없는 행복을 누려야겠다면, 그 여섯 심복은 그렇게 밑받침을 해 줍니다. 그래서 한 생의 장막이 다하면 그 심복이 뒤처리를 다 해주고 나서도 떨어지려야 떨어지지도 못하는 것입니다.

부처님과 같은 삼십이상(三十二相: 전생에 쌓은 공덕이 32가지 신체적인 특징으로 나타난 것), 팔십종호(八十種好: 부처님의 80가지 신체적 특징), 여래십호(如來十號: 부처님의 공덕을 기리는 열 가지 칭호. 곧, 여래(如來) 응공(應供) 정변지(正遍知) 명행족(明行足) 선서(善逝) 세간해(世間解) 무상사(無上士) 조어장부(調御丈夫) 천인사(天人師) 불세존(佛世尊)이다)를 가진 사람은 한 사람의 능력으로 천지 생명의 생사를 통솔할 수 있는 마음의 몸뚱이, 즉 의복을 한 벌 입고 나옵니다. 그것은 무엇이 원인이냐, 밝은 것은 한 번 잘해놓으면 숨이 떨어져도 그 지혜는 계속 이어진다는 것, 숨이 붙어있고 없는 것 하고는 상관이 없어요. 한 번 잘해놓으면 계속 인연이 도래해서 때가 오면 그것이 원인이 되어 생명이 탄생됩니다. 그래서 한 세대가 바뀌기란 매우 쉽고도 어려운 것임을 알고 정진해야 하는 것입니다.

마음 문 열리면 사통팔달(四通八達)

내가 오십여 년 동안 밖으로는 뭘 봤냐 하면, 이런 겁니다. 저 정도로 노력을 하여 연지 곤지 찍고 뭐 칠하고 하면 천하의 미인이라고 할텐데, 여자가 화장하고 나갔는데 남자들이 "아이구, 밥맛 없게 생겼다"고 하면 신세가 처량하죠. 본성이 확실하면 얼굴에다 똥을 발라놔도 "아, 참 좋다" 하고 달려들 것을 말이지요.

그러니까 제발 이 말을 믿으셔야 해요. 이 법을 알면 인과를 알고, 인과를 알면 노력하는 방법을 알고, 노력하는 방법을 알면 본인뿐만 아니라 모든 사람이 생활하는데 시범적인 교훈도 되고, 본인의 보람도 크고요. 이렇게 마음이 제대로 선택을 하면 여섯 심복(눈 귀 코 혀 몸 뜻)이 그처럼 원하는 것을 이뤄줍니다.

천자암에 있으면서 온갖 살림살이를 다 하다 보면, 온갖 인물들이 찾아와요. 밥맛없게 생긴 사람도, 뛰어난 인물들도 많이 오는데, 한번은 멋있는 사나이가 셋이 와서 인사를 하면서 이렇게 소개를 하더군요.

"나는 철학박사입니다."

"나는 문학박사입니다."

"나는 의학박사입니다."

그래요. 그러니까 나는 뭐가 없냐 하면, 주책이 없거든. 되는 대로, 터진 대로 말이 나간다 이 말이요. 그래서 내가 이렇게 말했지요.

"그 정도면 세상살이는 상식이 남아돌아 갈 거고. 그런데 한마디 물어도 되겠소?"

그들이 물으라고 해서 나는 "철학박사면 철학박사대로, 문학박사는 문학박사대로, 의학박사는 의학대로 자기 최종목표가 있을텐데, 하산하시기 전에 한마디로 선물을 하라"고 했지요.

그러니까 그 분들이 뭐라고 하느냐 하면 이래요.

"뭘 발전시키고, 뭘 또 어떻게 하고…."

"아, 그것은 최종목표를 대신할 수 있는 자료일 뿐이고, 밑받침이지 그게 답은 아니야."

세 번이나 다시 답변해도 그게 불확실하거든.

"그만하시오. 당신들은 신(神)이오. 상식은 남아돌아가니 귀신이고, 뒤처리는 불확실하니까 등신이오. 그것들을 한 데 모아 놓으면 병신이오. 병신을 한 데다 또 모아 놓으면 염병이오. 본래 천지, 자연, 생명계가 불확실하니까 마음으로 만들었는데, 그게 염병(空이란 의미)이오. 그게 사실이면 당신 것은 하나도 없소. 그러니 누구한테든 의지해야 해요. 땅한테 의존해야 하고, 자연에다 의지해야 하고, 집에 가면 눈치 작전으로 부인한테 의존해야 하고, 사회에 가면 돈 많은 사람한테 의존해야 하고. 남는 것은 신세가 노곤한 것만 더 남지 않겠소?"

그 사람들이 갈 때 웃고 가는 것이 아니라, 울고 가더라고. 그러니까 마음 문이 열려서 학문을 추구하면 이통(理通: 이치에 통달함), 사통(事通: 일에 통달함)이고, 마음 문이 닫힌 상태에서 학문을 하면 다 뺏겨요. 제 것은 하나도 없어, 아무리 봐도. 그러니 인도의 간디 같은 사람은 한평생 노력을 해서 구국(救國)을 하지 않았소? 나라를 회복했잖소? 하지만 그래도 적(敵)이 있거든. 저격을 당하면서, 말이요.

"들어라, 내가 일을 처리하는 데 선악이 있을 뿐이지, 상대가 무슨 허물이냐."

멋쟁이들이 자기 빌딩을 자랑하며 으스대지만 나는 요런 대로 잘 삽니다. 소크라테스, 아인슈타인 그이들은 똥

싸놓고 뒤처리도 못하고, 예수도 마찬가지라고요. 기독교 인들, 욕이 아니라 예수는 인도에 와서 부처님 법을 20년 동안 연구를 했으면, 뒤처리를 잘 했어야지요.

불교의 가르침은 인천교, 소승교, 대승교(大乘敎: 위로 깨달음을 구하고 아래로 중생을 구제하는 대승불교), 돈교(頓敎: 단도직입적으로 불과(佛果)를 성취하고 깨달음에 이르는 교법), 원교(圓敎: 원만하고 완전한 교법) 등 5교로 나눠집니다. 첫째, 인천교(人天敎: 부처님이 오계와 중품의 십선(十善)을 행하면 인간계에 나고, 상품의 십선을 행하면 천상계에 난다고 가르친 교법)는 예의범절이거든. 삼강오륜, 예의범절에 해당하는 거야. 소승교(小乘敎: 사제(四諦), 십이 연기(十二緣起) 등 자신의 깨우침에 편중하는 가르침)는 자기 실물의 설계에 들어가는 거고, 인천교에서부터 생명은 평등이란 소리가 나오거든요. 그러면 우리 동양에는 안으로는 지혜가 있어야 하고 밖으로는 힘이 있어야 하고, 체용(體用: 본체와 그 작용)이 있어야 한다는 것이지요.

그러니까 아무리 봐도 서양에다 대면 동양은 위대하다고요. 서양에는 사색당파가 있거든. 그런데 거기에다 대고 생명은 평등하다 하고 들이대니까, 생명이 평등하다 하려면 다 맞도록 동서에서 모두 평등해야 할 것 아닌가요. 생명은 평등하다 해놓고서 남을 구속해서는 안된다는 거죠. 그러니까 사색당파에서 하나는 맞아떨어지고, 셋은 맞지 않다, 이겁니다. '저 놈의 새끼 가만 두었다가는 우리가 인간 구실 못하겠다'고 잡아 죽이려고 하니까 로마인들이 이스라엘에서 로마로 쫓겨 갔거든.

지금 이스라엘이 옛날 로마 영토 아닌가. 거기서도 또 그 버릇을 고치지 못하고서, 하나는 좋아하고 셋은 싫어해서 사람들을 말려서 안 죽였나요. 그런데 그때 풍습이 십자가에 매달아서 죄인을 아주 죽이는 것이 아니라 죽지 않도록 매달아만 둬. 그렇게 해서 3일이면 대부분 숨을 안 쉰대. 그러면 그 사람들이 장례 절차도 없이 나무처럼 시체를 헛간에 쟁여놓곤 했지요.

제자들이 "예수님, 하나님 아버지" 하고 부르며 그 나라 국무총리한테 찾아가서,

"이미 끝났으니까 시체를 내어주시오."

했으니, 내줄 것 아닌가. 지금으로 말하면 예수가 죽은 지 3일은 더 되었을 것 아닌가. 열흘이 지났든, 보름이 지

났든, 한 달이 지났든 시체를 내어 주니까, 예수가 마치 산 사람처럼 피부가 보들보들하고 뜨뜻하대. 그래서 대어 보니까 맥박이 뛰거든. 그러면 예수는 거물이라 이거야. 이처럼 소승교도 깊이 들어가면 물 위를 걸어가는 실력이 나오지. 소갈머리는 빵점이지만, 사람은 거물이거든. 예수가 안 죽었다고 하면 또 죽일까 싶어서 제자들이 예수를 업고 인도로 와서, 예수는 90살까지 살다 죽었대. 그 서류가 지금 로마 교황청에도 있고, 한 두 서너 군데 있대요. 그런 거라고.

기독교인들 보면 자기 하는 것만큼 구상을 하면 존경의 대상인데, 자기가 최고라고 하니까 "병신이 육갑한다"는 말 들어요. 자기들은 자연법을 다 수용하면서, 막상 하는 일은 하는 것 있고 안 하는 것이 있거든요. 내가 스무 살 날 때까지는 기독교의 열성가였다고. 보니까 그렇게 안 생겼나요?

그런데 2차 대전 때 독일에서 수백만이 학살된 후, 이스라엘 정부의 대변인이 뭐라고 했냐면 "독일 사람들은 잔인하고 악질이다"고 그랬어요. 그건 맞아요. 무슨 놈의 하느님의 나라가 죄는 자기가 지었고, 다른 사람은 퍼내나.

무역선의 물건 퍼내듯이.

그러니까 내가 말하는 것은 종과득과(種瓜得瓜: 오이를 심으면 반드시 오이가 나온다는 뜻으로, 인과법을 이르는 말)의 자기 타고난 심성을 정심(正心)으로 계발하면, 하자가 없는 행복을 끊임없이 이어나간다는 그것을 말하는 거거든요. 결국 내가 하는 법문은 근원이 없이, 상대가 없이, 단번에 밝는 것이 목표다, 그 말입니다.

부모가 낳기 전 너의 본래 면목이 무엇인가?

내가 평생 동안 뭘 봤냐 하면, 누구나 열심히 노력하면 세속 사람은 자기 분야의 소원이 다 이루어진다는 거예요. 또 중들은 그 정도로 참선을 하고, 화두를 잡들이고, 기도를 드리고, 염불을 하고, 경을 읽고 하면 소원 못 이룰 이유가 없거든요. 그런데 왜 제자리냐 하고 보니, 거의가 폼을 재거든. 그래서 늘 상대방의 몫이지 자기 몫은 없다고요. 궁극에 가도 공부하고는 상관없죠. 회사에 입사하는 경우도 마찬가지요. 본래 목적대로 한다면 회사가 번창이 되지만, 의시대기만 하면 '저놈 새끼는 놔두면 안된다'고 쫓아내잖아. 폼을 재고 안 재고의 차이가 그와 같다고 알아둬요.

마찬가지로 '관세음보살' 정근(正勤: 선법(善法)을 더욱 자라게 하고 악법(惡法)을 멀리하려고 부지런히 닦는 수행법)을 할 때 일념으로 해도 '내가 견성이 목표다' 하며 일주일 만에 깨닫는 사람도 있고, 하루 저녁에 깨닫는 사람도 있고, 수없이 종류가 많아요. 지금 어록에 다 나와 있거든요. 그런데 스스로 목표와 거리감을 두고 하니까 잘 안되죠. '무자(無字) 화두'(부처님은 일체중생에게 불성

(佛性)이 있다고 했는데, 조주 스님은 왜 '개에게는 불성이 없다'고 했는가를 참구하는 공안)를 들 때도 '무(無)~'하는데, 딴 사람보다는 망상을 좀 덜 피거든. 그러니까 식(識: 대상을 다르게 아는 마음의 작용)은 좀 맑아요.

그런데 안 되면 나중에 이년(인연)도 아니고 저년도 아닌데, 인연에다 맡긴 잘못이거늘, 자기가 해 놓고 남 탓을 하지요. 공부하는 사람은 인(因)을 만들기도 하고 인을 없애기도 하고 그런 거라고. 근본을 다스리니까요.

그러니까 중국 당나라 때 보적(寶積: 마조 선사의 제자인 盤山寶積) 선사는 상가집에서 곡하는 소리를 듣고서 몸과 마음의 진리를 깨닫고 춤추었으며, 보수(寶壽) 선사는 주먹질하며 싸우는 것을 보고서 인간의 '본래 참모습[本來面目: 불성]'에 눈이 탁 트여 깨닫게 되었던 겁니다.

보적 선사 같은 대 도인도 이런 문답 끝에 '무자 화두'를 들었어요.

"어떤 것이 누진겁(累進劫: 아주 오랜 시간)에도 때 묻지 않은 본성입니까?"

"무(無)다."

이 양반이 '무~' 하면 자기 도통할 거라고 '무~' 했대요. 얼마만큼 '무~' 했냐 하면 손이 물건에 부닥쳐도 닿는지도 모르고, 걸리는지도 모르고 '무~' 했대요. 부닥쳐도 '무~' 하고, 걸려도 '무~' 하고 그렇게 공부했대요.

그런데 20년 동안을 늘 참선만 하고 있던 보적 선사가 하루는 거리에 나가 장례식을 구경했는데, 그때 상주가 슬피 우는 소리를 듣고 문득 깨쳤어요. 남들은 통곡하는데 그는 혼자서 덩실 덩실 춤을 추면서 뛰어놀았던 것입니다.

또 보수 선사는 방장(方丈: 사찰의 최고 고승) 스님의 질문에 꽉 막혀서 공부를 제대로 하게 되었습니다. 방장 스님은 이렇게 질문했거든요.

"부모가 낳기 전 너의 본래면목이 어떤 것이냐?"

보수 스님은 대답을 못하고 말았지요. 그런데 어느날 거리에 나갔다가 웬 사람들이 주먹다짐을 하며 싸우다가 하는 말이 "참으로 면목이 없다"하는 말을 듣고 크게 깨쳤다는 것 아닙니까.

두 적수가 싸우다가 힘이 다 빠지고 멍하니 쳐다보며 하

는 말이,

"참 면목이 없구만."

그래. 둘다 "참 허무하다" 그 말이거든. 그 바람에 보적 선사가 자기 본성에 연결이 되었어요. "이건 닦는 것이 아니고, 쌓는 것이 아니고 단번에 본성을 봤을 때, 단박에 이루어지는 거로구나" 하고 깨달은 거죠.

법(法)은 이름이 없는 것이므로 말로서 미치지 못하고, 법은 모양이 없는 것이므로 마음으로 헤아릴 수도 없어요. 무엇이나 말해 보려고 한다면 벌써 본 바탕 마음을 잃은 것입니다. 보적 선사와 보수 선사와 같이 마음에서 얻은 사람은 장꾼들의 잡담이라도 다 법사의 설법이 될뿐아니라, 새 소리와 짐승의 울음까지도 참 이치를 바로 말하는 것이 되는 법입니다.

그러니까 임제의현(臨濟義玄: ?~867) 스님 같은 이도 한동안은 등신 노릇을 했거든요. 황벽 스님에게 삼십방을 맞고 나서야 깨달았지 않나요. 저, 백장 스님의 제자가 누구인가, 바로 황벽 스님 아닌가요.

임제 스님이 황벽 스님에게

" '어떤 것이 진면목입니까?"

하고 물으니까, 황벽 스님이 말도 안하고 무지막지하게 때리기만 하거든. 그래서 임제 스님은 결국 6근(六根: 여섯 가지 인식작용인 육식(六識)을 낳는 눈, 귀, 코, 혀, 몸, 뜻의 근원)에 걸려 버렸거든. 깨닫지 못하니까 순진한 그 양반이 중도에 수행을 포기하고 하직 인사를 하는거죠.

"제가 인연이 없으니, 속가로 나갈랍니다."

이 말이 멋있는 말이거든. 순진하잖아. 그러니까 세속에서는 학자로서 일인자고, 절집 안에도 부처님 교학(教學)의 일인자여. 그런데 병신 짓을 그렇게 하고도 힘들다고 그래. 황벽 큰스님한테 물을 줄 몰라서 생각을 못했지 않나. 드디어 어떤 것이 진면목인지 물으라고 해서 물었는데, 얻어 맞고는 또 와서 또 물으니까 또 얻어 맞아서 "내가 인연이 없는 것 같으니까 퇴속할 겁니다" 하고 말한 것이거든요.

그러니까 황벽 스님 문하의 상수제자(上首弟子: 가장 뛰어난 제자)가 큰스님한테 가서

"저 사람(임제 스님) 인물이니까, 만대에 부처님 대도(大道)의 법을 이어나갈 거니까 놓치지 마십시오. 부뚜막에 있는 소금도 넣어야 짜다고 하니 더 노력을 안 하면 저

대로 깨져 버려요."

이렇게 특별히 부탁을 합니다. 그러자 황벽 스님이 내가 이미 알고 있다시며, 아침에 임제 스님이 작별 인사하러 들어오니까,

"야, 따로 구하지 말고 고완의 대우를 구하거라."

즉, "너 딴 데 가지 말고 고완 땅에 가서 대우 스님만 찾아가거라."

한 거예요.

임제 스님이 대우 스님께 가서, 사연을 아뢰니 뭐라고 하냐면,

"황벽의 불법이 철골이다. 네 뼈에 사무치고, 골수에 사무쳤다."

그때서야 임제 스님이 본성에 연결이 되었대요.

그런데 임제 스님이

"황벽 스님의 법이 별것도 아니구만!"

그랬거든. 그러자 대우 스님이

"너, 이 오줌싸개 같은 놈아, 금방 불평을 했는데, 네 불평이 뭐냐?"

하고 묻자, 임제 스님이 대우 스님의 옆구리를 세 번 찍

어 올렸거든. 그러자 대우 스님은 이렇게 말하고 긍정을 하지.

"어서 가거라. 너희 스승은 황벽이다."

그런데 단하천연(丹霞天然: 736~824) 선사는 행자 시절에 불상을 쪼개서 불을 피우고 그랬거든요. 그런 걸작이라고. 그런데 3백 명의 학자(수행자)를 데리고 사는데. 단하 천연 선사는 학자(수행자)들한테

"내가 오늘 여행을 간다."

그러면서 출발하니까 일주문까지 3백여 제자들이 전송을 나왔어. 한데 단하 선사가 나오더니 발을 탁 들고 묘적(妙寂: 기묘한 죽음)을 했거든.

이걸 알면 보임(保任: 깨달음을 보호하고 지켜가는 공부)이고, 이 법을 알면 노력하는 방법을 알고, 세간과 출세간상의 노력하는 방법을 알면 안팎으로 생활의 모범이 돼요. 일체 중생이 성불할 수 있는 광명이 되고, 본인은 법신이 청정하고 항상 여여하지요. 이런 말들을 절집 안에서뿐만 아니라 세속에서도 밝아져서 일이 끝나기 전에 처리법을 알면 '저 사람은 나랑 인연이 있는데 지금은 기회가

아니다, 다음 시간에 보자', '저 사람은 지금 잘 다루어서 지금 즉결처분을 하면 일이 연결된다' 하고 그런 판단이 나와요.

내가 별 수 없이 중(스님) 아니요. 산중이냐, 노중이냐, 밤중이냐. 나란 뭔 중이냐. 천지자연 생명계를 한 시선으로 들이마셔도 배부를 줄 모르는 중이요. 천지자연 생명계의 전망이 영원한 지혜와 성불과 영원한 만덕(萬德)을 약속하고 단체가 구성되기 때문에, 중은 인간 세상의 태양이라고. 다 없고 중 하나만 있어도, 천지 생명들 다 대들어도 중 말 한마디를 이길 인물이 없다고요.

극치에 들어가면 불법이 성하고 성하지 않은 것은 걱정할 것 없어요. 자기 본성만 확실하면 한 사람, 그리고 전체 생명의 대변인 역할을 해주고 그런 거라고요. 이것은 해소되는 것이 아니고 아, 스님 말처럼 "내가 가야겠다" 하면 내일 바로 죽든지, 삼일 후에 가게 되든지, 삼 년 후에 가게 되든지, 늦고 그럴지언정 안되는 법은 없어요. 자기가 결정만 해 놓으면 말이죠. 그러니까 속가에서도 원(願)을 세워놓으면 꼭 그대로 되더라고. 비록 늦을지라도 말이지요.

그러니까 잘 살고 못 사는 것은 자기한테 달린 거예요.

한 번에 밝으면 천지 생명을 통솔할 수 있고, 천지 생명의 지혜가 될 수 있고, 천지 생명의 본성이 될 수 있고, 천지 생명의 행복이 될 수 있어요. 이처럼 나는 개인으로 바라는 것은 하나도 없고, 상대방의 보충이 필요한 대상으로만 마음이 정리되면 가는 데마다 보는 사람을 자기 본성으로 알고, 자기 본마음으로 알고 자기 본 몸뚱이로 알고, 자기 결로 알게 돼요.

물은 강에서 흐르나, 바다에서 머무나 항상 물 아니던가요. 기회만 맞으면 흐르는 게 이치 아닌가요. 우리 마음, 지혜도 그래요. 내 것이라고 따로 있는 게 아니고 말이죠. 투쟁이 없는데 투쟁의 대상을 만들어 놓으니까 그것이 염병이지요. 그래서 거듭 말하는데, 백 번 천 번 말해도 항상 밥은 새 맛이 있듯이, 근원이 없이, 상대가 없이, 방법이 없이, 단번에 밝아지면 준비할 것도 없어요. 자료가 착착 준비되는 거예요.

그런 연후에는 무엇으로 들어가냐 하면 금강(金剛: 부서지지 않는 다이아몬드 같은)의 지혜를 통달해도 머리에서 폼 재지 말고, 내가 단번에 밝아지는 이치 때문에 이런다고 하면 공로가 바로 연결이 되거든요. 알아들었지요?

'관세음보살' 염불하는데 한 사람의 목숨을 구하기 위해 한다고 하면 빈틈이 없거든, 뭘 해도. 그런데 이도 저도 아니게 공부하거나, 생활하다가 서둘면 싸움이 되어 그저 폼을 재거든요. 그런 줄 알고 공부가 좀 되어도 폼 잡지 말고 꾸준히 더욱더 정진하시기 바랍니다.

능히 일심으로 사계절을 굴린다

법(法)이라는 건 한마디 나가기 전에 이리 다 당겨 들어왔지마는, 말에 의해서 말뚝을 박게 되니(진리를 고정되이 설하게 되니) 그것이 고통이라. 통현일할(通玄一喝: 진리에 통하는 한 번의 고함소리)이 남기고 갈 하나를 뛰어넘으니 과거의 일체유무(一切有無: 있거나 없는 모든 것), 현재의 일체유무, 미래의 일체유무가 지불정지 되었으니 왕창 못쓰게 되어버렸습니다. 그래서 시방삼세의 성문(聲聞: 설법을 듣고 불교의 네 가지 이치(四諦)를 깨달아 아라한이 되고자 하는 불제자)에게 한마디로 항복을 받았습니다.

그러나 활안 스님의 일구(一句: 깨달음의 한마디)가 무엇이냐?

바로 5월 식목일입니다.

세상 사람들은 가장 말단의 나무 한 줄기, 풀 한포기 낭비한 걸 가지고 식수(植樹)라 했는지 몰라도, 나의 식수는 '통만보(通萬寶: 만 가지 보배에 통해)하여 능일심(能一心: 능히 일심으로)에 식목을 한다' 이겁니다. 그러니 이 말 듣고, 저 생각 이 생각 다 집어치우고 식수의 인연만 소화시켜 달라고 하지 않으면 됩니다. 그것이 통만보하여 능일심으로 오는 식목일에 식수가 다 되는 거거든요.

내 법문이 이미 끝났는데, 더 말한다면 '홑중 위에다 말 달리는 격'입니다.

옛날 어머니들 그저 옷을 입어도 추우니까 베가 모자라거든. 배에 찬 바람을 방지하려고 그것이 곧 홑중에 말 달린다고 하는데, 나만 알지 여러분들은 모르지요? 허허허.

저, '통현일할'을 다시 되새겨 볼테니 들어보시오.

지금부터 1천2백 여 년 전에 중국 당나라 때 마조도일(馬祖道一: 709~788)라는 큰 망아지가 나타나서 천하 사람을 다 답사(踏死: 밟아 죽임)시켰습니다. 조사니 선사니 할 것 없이 다 밟아 죽였다는 뜻입니다. 그런 마조 스님 슬하에는 84명의 입실(入室: 스승으로부터 직접 가르침을 전수받는 것) 제자가 있었고, 따르는 제자가 수를 셀 수 없을 만큼 많았습니다.

그 마조 스님이 하루는 제자인 백장(百丈) 스님에게

"내가 숨을 안 쉬게 되면 너는 '체와 용'(體用: 부처님의 근본 법과 그 법의 쓰임) 두 가지를 중생들에게 어떻게 납득시키겠느냐?”

하고 물었습니다.

그러자 백장 스님이 주장자를 들어 보였습니다.

이어 백장 스님이 되묻기를,

“스님은 나에게 법을 마지막 전하실 때, 양의 뼈와 살을 굴려서 어떻게 중생에게 파종(播種)하시겠습니까?”

즉, ‘어떻게 법을 명실공히 전하시겠습니까?’ 하고 질문하였습니다.

그러자 마조 스님 역시 주장자를 들어 눈앞에 보여주었습니다.

이에 백장 스님이 다시 물었습니다.

“이것을 버리고 써야 옳습니까, 아니면 그것을 바로 사용해야 옳습니까?”

마조 스님이 그 말을 듣고 가만히 있다가, “할!” 하고 소리쳤습니다.

그 바람에 백장 스님은 3일 동안 귀가 꽉 막혔답니다.

진리에 통하는 한 번의 할에 모든 근기가 굴복하니[通

玄一喝 萬機伏],

법신 경계, 보신 경계, 화신 경계가 다 일망타진이 되었다는 말입니다.

그 뒤엔 무엇이 살아나느냐 하면 삼신사지(三身四智: 팔식(八識)을 굴려서 네 가지 지혜를 이루며 네 가지 지혜를 묶어서 삼신을 이룬다)가 드러났거든요.

사지 가운데 하나인 대원경지(大圓鏡智: 큰 거울에 삼라만상이 그대로 비치는 것과 같이 원만하고 분명한 지혜)가 있는데, 대원경지는 무친소(無親疎)다, 친소가 본래 없는 것입니다.

묘관찰지(妙觀察智: 모든 사물의 모양을 관찰하여 분별하고 남을 교화하여 의혹을 끊게 하는 지혜)는 절친소(絶親疎)다, 친소가 끊어졌다, 말꼬리가 좀 다릅니다.

그 다음은 성소작지(成所作智: 모든 것을 완성으로 인도하는 지혜)입니다. 관찰하는 법이 투철하면 자동으로 할 수 있고 안 할 수도 있는데, 성소작지라면 뒤따르는 말이므로 거기에서 무엇이 뒤따르느냐. 잘 들어보시오.

하늘이 무슨 말이 있겠습니까마는 봄, 여름, 가을, 겨울의 사계절이 있는데, 활안 스님의 지혜의 본 바탕이 봄 계절에 만천하에 싹이 트게 하고, 지혜의 본 바탕의 용법(用法)이 여름 계절과 같아서 만천하에 생명을 길러내고, 지혜의 역량이 가을 계절과 같아서 만천하에 오곡백곡을 생산해 낸다 이겁니다.

축원할 때도 그랬지 않습니까. 나는 배고프면 식량이 되어주고, 몸이 아프면 약이 되어준다고. 이 말이 어찌 거짓말이래요. 이 말을 내가 되새긴 거거든. 활안 스님의 지혜 역량이 얼마나 많고 완벽했던지, 겨울이 오면 만 천하의 보배창고가 되어서 모든 생명의 재산을 영구히 잘 보장(保藏)할 수 있도록 그런다 이겁니다. 하늘이 무슨 말을 구체화 하려면 하늘이라 하고, 말의 본 뜻을 정확히 발하려 하면 마음이라 그럽니다.

그 대원경지에서는 무피차(無彼此: 너와 내가 따로 없다)라 그랬지요? 대원경지의 근본 맥이 발동해서 대원경지의 근본 바탕의 힘이 다 드러나서 그 작동이 봄, 여름, 가을, 겨울로 표현이 되는 게 아니겠습니까. 만물이 생한다고 하지만 땅이 무슨 말이 있겠습니까. 그렇지만 모든 생명이 성현과 중생, 동물과 식물, 일체 유정(有情: 생명체)

과 무정(無情: 무생물) 등이 스스로 탄생된 것을 묘관찰지가 너무나 분명히 보기 때문에 성소작지가 발동을 하게 되거든요. 땅이 무슨 말이 있겠느냐 하면, 모든 생명이 스스로 탄생이 되어서 스스로 어려움을 퇴치해 낸다는 겁니다.

도라는 것은 닦는 것이 아니고 쌓는 것이 아닙니다. 각자 수행을 통해 주인공의 마음자리가 근본 바탕이 되기 때문에, (성품을) 바로 보았을 때 그렇게 해야 되겠다 하고 쓸 줄 압니다. 권한은 본인들한테 있고, 그 권한을 가져다가 빛나게 하는 것은 바로 활안 스님의 역할이에요.

저절로 흘러가는 만물이 생한다고 할 때, 그것은 평등성지(平等性智: 모든 법이 평등하며 자타가 평등함을 깨닫는 지혜)의 절친소다, 평등한 관계는 친소가 끊겼다는 말이 알맞지 않습니까. 대원경지, 평등성지의 근본 핵심이 발동하는 힘이 다 들어가는 밑받침이 되어가지고 지구에서 모든 생명이 스스로 탄생이 되었고, 스스로 결실을 이룬다는 말입니다. 그러니 각자 성품을 보아서 네 가지 지혜를 발하도록 정진하시기 바랍니다.

본래 갖춰져 있기에 깨달을 수 있다

여러분, 잘 들으시오. 근본 마음에 무슨 뜻이 있겠느냐이 말입니다. 하지만 시선이 가는 데마다 그 말 한마디가 그냥 떨어지기 전에 발본자초(發本自招: 근본에서 발하여 스스로 초래함)한 것입니다. 시선이 끝나기 전에 어떻게 하면 되겠는가. 크면 큰대로 작으면 작은대로, 이렇게 해서 이 나라 삼천리 강토에 온 국민과 이 지상에 온 인류를 통솔하는 각국 지도자들이 이 말을 받아들여서 한 사람의 지혜 역량의 설계대로 따라올 수 있어야 합니다. 온 국민이 이렇게 살아가야 합니다. 이렇게 설계된 의도대로 합치되어 온 인류, 온 동물, 천상천하의 생명이 하나로 합쳐져서 하나의 태허(太虛)가 되고, 그 태허로부터 모든 생명 전체가 되살아나가게 됩니다.

한 사람의 뜻이 맞고, 만년에는 모든 태허 내의 일체중생이 다 성불하고 일체제불의 은혜가 다 보답이 되므로 근본 자원은 변함이 없습니다. 이렇게 해서 온 도량(道場) 내의, 무진(無盡: 다함 없는) 법계(法界: 세계)의 모든 생명들이 이와 같은 완벽한 설계에 의해 생활이 풍족해서 모두가 다 행복하다 이겁니다. 그런 내용으로 전 세계와 대우주가 제 나름대로 국운을 보강하고 천운을 도와서 한걸음 더 나아가려면 자동으로 생멸(生滅)의 뿌리가 뽑혀서 나와 상대가 진실해야 된다는 말입니다.

나와 상대가 어떻게 진실해야 하나? 여러분, 생동(生動)이 확실하면 인생을 살아가는 데는 아무런 하자가 없어요. 살아나가는 생활용법은 아주 간단합니다. 크나 작으나 한마디로 딱 표현해서 숫자놀음이거든요. 봐 가지고 그 숫자가 파악이 되면 이미 납득이 간 겁니다. 숫자가 완전히 파악이 되었다면 능히 분해할 수도 있고, 능히 조립할 수도 있고, 조립이 순조로우면, 시선 가는 데마다 시선이 끝나기 전에 모든 중생과 더불어 한 사람의 생명에 이르기까지 큰대로 작은대로 나름대로 끝없이 빛이 납니다.

그러면 활안 스님은 어떻게 되느냐. 나는 끝없이 보람을 느낍니다. 어머니들이 애기한테 젖을 먹이고 재롱떠는 거 보면 '내가 죽어도 좋다, 너희들 잘 사는 것만 봐도 좋다' 그렇게 안 그래요? 그것이 부처님의 자비거든요. 모든 상대가 끝이 없이 빛이 나면 본인은 끝 없이 보람을 느낍니다.

그래서 그 이름이 공정(共正)이라. 같을 공, 바를 정, 공정이거든요. 이 지구가 이루어지기 이전부터 이 시간에 이르기까지 지나가는 시간에 대해 불평할 것이 없어요. 잘된 일이나 못된 일이나 부채가 정리되고, 그 역량대로 큰 대로 작은 대로 해탈이 되었든지, 생을 풍요롭게 했든지, 행복의 규모가 얼마나 큰지, 그 역량대로 끝없이 바뀌고 발전이 됩니다. 그 모습을 보고, 우주의 한계 없는 설계가 완벽하다고 하는 겁니다.

과거가 정리 되고 현재는 그 나름대로 생성되고, 미래에 완전히 끝없는 설계가 되었다면 과거사, 현재사, 미래사는 내 한 생각이므로 나의 부속물이다 이겁니다. 그러기 때문에 내가 올 적에 빈 손으로 왔다 이거여. 빈 손으로 와 가지고 사는 생활에 상대를 녹슬지 않게 하고 끝없이 윤택하게 빛이 나게 해주고, 본인은 끝없이 보람을 느끼게 해주고, 이렇게 한평생 잘 살다 갑니다. 그러나 몰랐을 적에는 낳고 죽는데 뒤치닥거리 하느라고 요모양 요 꼴로 축생노릇도 하고, 나와 울기도 하고, 조금 좋았다가도 그냥 한 가지 좋으면 세 가지 나쁜 것이 드러나기도 합니다. 과거사, 현재사는 원래 한 생각에 부속되어 있고 한 생각은 모든 상대적인 존재의 주인입니다.

이 몸뚱이는 몰랐을 때는 생사가 둘이지만, 알면 생사가 본래 공한 것입니다. 이 몸뚱이는 마음의 의복 한 벌과 같습니다. 이 마음의 의복이 헐었을 때는 빨아 입고, 떨어졌을 때는 기워 입고, 못 쓰게 되면 미련 없이 벗어버리고, 다시 마음의 의복 한 벌을 갈아입어야 겠다 이겁니다.

이번에는 무슨 마음의 의복을 갈아입어야 나와 상대가 모두 존중하고 끝없이 빛이 나느냐 이 말입니다. 천상과 인간의 지복(至福: 지극한 복)이, 지혜와 덕이 제일 높은 부모를 선택해서 그 혈맥(血脈)을 타고 마음의 의복을 한 벌 떡 갈아입으면 그 모습이 얼마나 좋겠습니까. 내 생활을 소문으로 듣는 사람은 천상천하에 그냥 설계가 다 되어서 모든 걱정이 없어지고, 마음이 안정되고, 나의 모습을 보면 불과 같아서 그냥 표출이 되어 버립니다. 모든 일이 매듭이 지어집니다.

여러분, 왜 해야 할 일은 안 하고, 안 해야 할 일은 합니까. 했으면 자기가 책임을 질 일이지, 본인이 잘못 하고선 사람을 원망하고 흉보고 그런단 말입니다. 모든 사회는 좋으나 나쁘나 모든 상대와 사연을 그저 진실한 그대로 보고 행동해야 합니다. 그 사람들 때문에 내 인격이 끝없이 올라

갈 수 있고, 내가 끝없이 추락하고 실패를 볼 수 있으니, 조건은 내가 한 생각 설계를 잘 내고 못 내는 데 달렸습니다.

그러니 먼저 해야 할 일이 무엇인가요. 모든 권한은 나에게 있는데, 먼저 해야 할 일은 볼 것을 바로 봐야 한다는 것입니다. 잘 살라면 복과 덕이 있어야 하고, 복과 덕이 있을려면 밝아야 합니다. 밝으려면 지혜가 영롱해야 합니다. 지혜가 영롱하려면 깨달아야 합니다. 본래 갖춰져 있기 때문에 깨달을 수 있습니다. 깨달으려면 어떻게 해야 하느냐. 우주 만인을 낳는 법, 죽는 법이 이루어지기 이전에 내 모습을 바로 보는 데에 기본 첫 설계가 이뤄져야 합니다.

이렇게 되기 때문에 우주에서 지혜와 덕이 제일 높은 부모를 선택해서 그 마음의 의복을 한 벌 떡 타고 나면 자동으로 상대방이 나의 생활을 보고 듣고서 안정이 되고 소원이 원만히 이루어집니다. 이처럼 권한은 나에게 있기 때문에, 내가 먼저 해야 할 일은 마음자리를 깨닫는 것입니다.

열반에도 머물지 말고 끝없이 초월하라

사람들이 잘만 하면 한 나라를 통치할 수도 있고 잘만 하면 한 나라의 큰 덕이 될 수도 있고, 나아가서 인류를 통솔할 수 있는데, 여럿 건드려보면 그렇지 않은 것 같습니다. 어째서 그렇지 않느냐. 먼저 봐야 할 것을 나중에 보고, 나중에 봐야 할 것을 먼저 보고, 그렇기 때문에 먼저 해야 할 일을 나중에 착수하고 그렇게 앞뒤 순서가 바뀐다 이겁니다. 그러기에 먼저 마음자리가 투철해야 하는 것입니다.

여러분들은 '아이고, '내가 할 일이 많으니까', '망상이 많으니까', '나는 여자이기 때문에' 하며 가지가지의 핑계를 댑니다. 남자는 '할 일이 많아서', '지혜가 부족해서', 이런저런 핑계를 대면서도 '자기가 할 줄 모른다'는 소리는 안합니다. 그것은 마음의 중심이 정해지지 않기 때문에 안되는 것입니다. 이런저런 핑계 때문에 안된다 하는 것은 거짓 변명입니다. 설사 변명을 하더라도 시방삼세의 부처님이 꼼짝할 수 없는 변명을 하면 성불이지만, 그렇지 않은 변명이 되기 때문에 남는 것은 고통만 남는다 이겁니다.

그래서 아주 잘 살려면, 마음자리를 깨달으려면 어떻게 해야 하느냐. 숫자놀음을 알아야 한다는 거거든요. 숫자(이치)가 파악이 되면 모든 게 다 끝납니다. 그러면 그것까지는 그만두고, 내가 자문자답으로 잠깐 호박씨를 깔텐데 잘 들어보시오.

하나에다 하나를 보태면 몇이냐? 0이다. 무엇과 같냐 하면 불이 나무를 만나면 여자와 남자가 만나서 서로 뜻을 주고 받는 것과 같아서, 나무가 불의 목구멍에 쏙 들어가 버립니다. 나무는 형체도 없어지고, 또 불은 나무를 다 태워버리면 불 자체도 없어져 버리거든요. 그러고 보니까 결론은 0이지요. 하나에다 하나를 더해 버리면 하나가 완전히 분해가 되어 자동으로 소화가 되어 버렸다 이겁니다.

공(空)이라는 것을 여러분은 다 끝난 것으로 간주하는데, 잘못된 생각이여. 마지막 근본이 옳다 하는 데에 이르기까지 공의 모습도 한 장막이거든. 말을 이어나가는 장막이거든. 0에다 0을 보태면 몇이냐. 그 0의 과정은 완전히 소진되었다 이런 것입니다.

백(白)이 먼저 생산이 되면 만 천하가 백 위주가 되고,

흑(黑)이 먼저 생산되면 만 천하가 흑 위주가 됩니다. 내가 해야 할 일이 많은데, 무엇을 또 해야 하느냐. 마음 근본의 밝은 바탕을 바로 보는 게 최종 목표입니다. 요것을 풀이하자면 거울에 비쳐지는 모습과 같아서 같아서 요렇게 해도 맞지 않고, 이렇게 해도 맞지 않고, 중간에 있어도 맞지 않아서 요것은 표현이 안 되거든요.

말 그대로 나무에 비유하자면 요 밑에서 뿌리의 힘이 위로 올라와 잎을 피워 가지고 열매가 열리니까, 그것이 곧 밀착관계나 마찬가지입니다. 가만히 있어서 움직이지 않는 것이 밀착이 아니고 말이지요. 그렇게 밀착되어 있기 때문에 본래 자성자리에 쌓아서 되는 것이 아니고, 닦아서 되는 것도 아니고, 바로 돈오돈수(頓悟頓修: 몰록 깨치고 몰록 닦는다)로 일망타진되는 그 진면목(眞面目)을 바로 본다는 그 말이 딱 맞습니다.

내가 전에는 열반의 경지가 나의 본분인 줄 알고, 『법화경』의 마지막 마무리 짓는 경지가 나의 보물인 줄 알고, 화엄 일구(華嚴一句: 화엄경의 정수를 담은 깨달음의 한마디)가 나의 보물로 알고, 나의 한 생각 기본 원리가 보물인 줄 알았는데, 이제는 이런 말들이 나에게는 필요가 없습니

다.(열반, 화엄, 법화의 깨달음에도 안주하거나 집착하지 않고 끝없이 초월한다는 뜻)

이러기까지 그저 고마운 일이라 생각될 뿐이지, 이 뒤로부터는 그것이 나에게는 하나도 공덕이 될 수가 없고 이익이 될 수가 없습니다. 이제는 내 차지입니다. 삼세제불이 모두 도와줄 수 있는 여건이 있어도 필요가 없는 경지에 딱 이르러서 이렇게 자성불(自性佛: 내 성품안의 부처인 각성(覺性)을 의미함)로 바로 본다는 말이 바로 그 말이거든요. 그래서 이제부터는 내 차지라는 것은 이제 어떻게 살아야 돼냐 하는 이 말과 같습니다.

저마다 나는 목사다, 나는 장로다, 나는 예수다, 나는 하느님이다, 나는 정치인이다, 나는 공산주의자다 라고 주장합니다. 그래서 천상천하에 종교 아닌 게 없게 되었습니다. 종교라는 말을 다 떠나서 내가 걸어가는 길이 맞고 노력하는 만큼의 댓가로 자기 면목을 바로 볼 수 있는 뒷받침에 그 보도(寶刀)의 칼이 있습니다. 체(体)는 건들지 않아도 이렇게 해서 내 자신이 중이거든요. 나는 뭔 중이냐, 실제는 중이 아닌데 말입니다. 중은 가운데 중(中)이요, 깊은 산중에 있는 밤중이요, 똥통에 빠져서 나올 수 없는

'고통 중'이요. 그런데 실제로는 그렇지 않다 그겁니다.

　마음이 모든 법의 주인이 되고, 마음 근본자리의 작동이 모든 법의 씨앗이 될 수 있습니다. 이것을 전제로 해서 관세음보살(觀世音菩薩: 세상의 소리를 들어 알 수 있는 보살이므로 중생이 고통 가운데 열심히 이 이름을 외면 도움을 받게 된다)이라고 하면 과거 정법여래 부처님의 명분이어서 한걸음 낮춰가지고 세상을 전부 하나로 다 보고 세상을 한 힘으로, 한 음성으로 중생의 소원성취를 위해 마음을 냅니다. 그 관세음보살이란 이름으로 몸을 낮춰가지고 와서, 장비를 하나 사 왔답니다. 그게 무슨 장비냐. 가장 대표적인 것이 무(無)의 대비심(大悲心), 걸림이 없는 마음자리라 하는 장비를 하나 사 왔답니다. 내가 할려고 그랬는데 그 분이 내 앞에서 가르쳐가지고, 부아(화)가 고루고루 나지만, 그냥 잘 봐 주어야지요. (웃음)

　그러고 보면 관세음보살의 자비로 내 자비를 앞세우는 것 같습니다. 나는 항상 관세음보살이 나타나면 저 양반 수염이 어디가 있는 하며, 수염을 뽑으려고 막 애를 씁니다. 그러니까 그 양반이 수염을 안 뽑힐려고 이리 피하고 저리 피하고 합니다. 생불(生佛)이나 마찬가지인 천수다라니(『천수경』에 나오는 주문인 신묘장구대다라니)를 내가 수지(受持: 경전을 받아 지녀 읽고 외운다는 受持讀誦의 준말)할 것이니, 일체중생의 대표가 되도록 할 것이니, 그 양상을 일러주시오. 그러면 공이다, 공상무상(空相無相: 텅 비어 일체의 모양과 개념을 떠난 것)이다 이겁니다. 공이라는 말은 일념이라는 말도 되고, 일념은 태허(太虛)라는 말도 되며, 무피차(無彼此: 너와 내가 없다)다, 상대성이 아니다 이런 말입니다.

여러 가지로 표현하면 무(無)다, 대자비심이다, 무한한 평등심이다 이렇게 말합니다. 한마디로 줄이면 '일체중생은 내가 구제해야 겠다' 이것입니다. 내가 일찍이 천 다라니(陀羅尼: 불교의 진언(眞言) 또는 주문), 만 다라니 중에 이 천수다라니 같이 좋은 다라니를 미처 들어보지 못했습니다. 그래서 이렇게 수지하고 있습니다. 그러니까 모든 생명체와 다함 없는 법계의 근본 원리를 천수다라니 스스로 타고 나서 힘을 갖습니다. 또 천수다라니가 나와서 자동으로 중생에게 이익을 주고 그럽니다. 천수다라니를 백년만 받아지녀서 외우면 성불은 제대로다 이겁니다.

천수다라니가 마음의 장비라고 할 때, 장비가 항상 모터

와 같이 이렇게 회전하면서 그저 세상이 울면 같이 울어주고, 세상이 기뻐하면 같이 기뻐해줍니다. 나중에 아무리 기뻐도 끄달리지 않고 아무리 좋아도, 나빠도 버리지 않고 평등하게 다 정리하는 주인공이 되고, 끝내는 아무런 경계가 없는 경지에 이르기까지 끝없이 노력하리라 하는 것이 천수다라니를 외우는 까닭입니다. 천수다라니를 이렇게 돌리는 것은 견성(見性: 사람이 가진 본래의 성품을 깨닫는 것)이 목표입니다. 견성이 목표라는 것은 딱 하고 자기 회전을 하면 지혜가 어디 따로 있는 것이 아니라, 이것이 그대로 자성자리다 이겁니다.

그런 생각을 하시고 내가 내 자성자리를, 바로 차례를 거치지 않고 깨달아야 합니다.(한 번 뛰어 곧바로 여래의 경지에 도달한다는 '일초직입여래지(一超直入如來地)'를 뜻한다) 돈오돈수(頓悟頓修: 단박에 깨달아 단박에 닦는다. 깨달음은 그 자체로 궁극적인 경지이기 때문에 다시 더 닦아야할 이유가 없다는 주장)로 내 자성자리를 바로 보는 것을 딱 믿고 들어가야 합니다. 어떤 틈을 주지 않고 바로 자성자리를 보는 걸로 딱 목표를 정해서 들어오면 바로 보는 지혜가 생산되어 내 마음자리가 이렇게 되는구나,

그렇게 공부를 하시오. 요것이 거짓말이라면 활안 스님의 목을 잘라가도 나는 그 빚을 다 갚지 못할 겁니다. 이렇게 앞뒤가 분명한 생각으로 장비가 선택이 되지, 그렇지 않으면 일구(一句: 깨달음의 한마디) 참선의 화두를 선택하던지, 아니면 관세음보살이나 아미타불을 선택하던지, 아니면 『법화경』을 선택하던지, 아니면 『화엄경』을 선택하던지, 아니면 『금강경』, 아니면 『반야심경』을 선택해서 정진하면 됩니다.

시간과 공간은 원래 공한 것입니다. 시간과 공간은 삼라만상(森羅萬象: 우주에 있는 온갖 사물과 현상)이라는 그 말이거든요. 공한 모습이 그대로 삼라만상이고, 공한 모습이 그대로 시간과 공간입니다. 한마디로 잘라서 마음이 그대로 공(空)이라면 일념(一念)이라, 그 일념이 그대로 참으로 일념이라면 대동태허(大同太虛)입니다. 능히 커질 수 있고, 능히 작을 수 있고, 아주 크다고도 말할 수 있고, 작고 작아서 공이라는 말을 붙일 수 없을 정도로 작아버리기도 하니, 얼마나 좋습니까.

참으로 진짜 보배는 이처럼 훌륭한데, 가짜 보배를 하나 떡 가지고서 요것은 내 마누라요, 내 남편이니까 어디 가서 하루 저녁, 이틀 저녁만 안 와도 집에서 바가지를 득득 긁거든요. 그게 진짜 보배가 아닌데 말입니다. 진짜 보배 는 어디에 쓰임이 있는 겁니까. 형체가 없이 간단하지만 다 풍부하고 쓰임이 있습니다.

내가 소원하는 이 나라, 종교뿐만 아니라 전 세계 지도 자가 활안 스님의 말 한마디를 듣고 그 말에 설계가 되고, 그 말에 각 종교가 생활도구가 되고, 온 국민이 잘 살 수 있 는 복이 되길 바랍니다. 그래서 내 말 한마디 듣고 개인적 으로는 출세를 하고 국가적으로는 국운이 보강되고 천운 (天運)을 도와서 온 생명이 다 행복했으면 합니다. 예나 지금이나 이것이 원(願)이 되고 한(恨)이 서렸습니다. 성 불하십시오.

천지를 일깨우는 '한 송이 꽃' 피우라

　여기 계시는 신도님들 가운데 염불이나 기도를 많이 하고, 참선을 많이 하시는 분들도 계실 줄 압니다. 이 중에서 한 사람만 법문을 잘 들어도, 그 분이 끝내는 세상 천지를 태양과 같이 부처님의 지혜로 바꿔 놓을 수 있거든요. 그래서 내가 지금 법문하는 것은 이 곳의 대중만 듣는 것이 아니라 천지의 제불성현과 중생이 다 들으시면 일체중생이 다 성불하도록 될 것이고, 천지신명(天地神明: 천지의 조화를 주재하는 온갖 신령)과 화엄성중(華嚴聖衆:『화엄경』을 지키고 불법을 받들고 옹호하는 보살대중)이 들으면 모자라는 도가 다 메워질 것입니다. 그러하듯이 마음이 바뀌어 제대로 사는 법을 알면 천지 사회와 자연 세계는 다 빛이 나고 본인은 그처럼 영원히 행복하게 바꿔지는 좋은 모습이 나타나니까, 내 법문을 잘 듣고 노력을 하시오.

　부처님께서 말씀하시기를 복과 지혜와 대도(大道)를 부처가 주는 것이 아니고, 천지 자연이 주는 것이 아니며, 자연이 주는 것이 아니라 했습니다. 부처님과 천지 자연은 아무런 권한을 쓰지 않고, 관리를 하지 않아요. 오직 관리의 주인공은 각자의 타고난 생명이래요. 마음자리가 무엇과 같은고 하니, 모든 천지가 영원히 밝고 영원히 행복할 수 있는 원인을 창작하고, 창작을 한 연후에는 그 내용을 관리하는 것과 마찬가지입니다. 우리가 돈을 많이 벌어놓으면 돈을 관리하는 것 아니던가요. 우리 마음자리가 영원히 밝아만 놓으면 나와 상대가 영원히 잘 살 수 있는 길이 활짝 열리는 그 원인을 만듭니다. 그런 창작을 한 연후에는 그 원인을 잘 관리를 한대요. 그래서 마음은 우주 만법을 창작해 내는 원인바탕이 되고, 창작을 한 연후에는 대우주의 모든 생명이 살아나가는 생활원리를 잘 통솔할 수 있는 그 생명체래요. 누구든지 이 말을 들을 줄 알고, 노력할 줄 알면 행복은 그 때부터 시작될 것입니다.

그래서 부처님께서 "너희 중생은 듣거라, 천지자연의 생명들이 생산기반이 잘못되어서 못 사는 것이 아니고, 마음이 정리가 안되어서 못 산다"고 하셨어요. 마음이 어떻게 해서 정리가 안되느냐, 시행착오로 먼저 할 일을 나중에 하고, 나중에 할 일을 먼저하고, 그것을 뒤치닥거리 하느라고 오늘날 이 시간까지 요모양 요꼴이래요. 마음이 먼저 할 일을 꼭 먼저 계획을 세우고, 뒤에 할 일을 뒤에 하도록 순서가 뒤바뀌지 않고 노력할 줄 아는 사람은 천지를 통솔할 수 있는 큰 인물이나 영웅이 되고, 한걸음 더 나아가면 성인이 됩니다. 타고난 마음자리가 다 밝아서 작용할 줄 알면 한 생명의 마음자리로서 삶을 잘 창작하고 노력을 해서 천지자연 생명계가 한 사람의 지혜와 역량으로 모두 행운을 얻어서 다시는 잘못이 되풀이 되지 않는 지혜와 행복을 성취시킨대요.

부처님은 이런 마음자리로 노력할 줄 아니까, 한 사람의 능력으로 천지가 잘 사는 법을 말씀해 주는 것입니다. 그래서 마음이 정리가 되면 그것이 영원한 지혜가 되고, 그것이 영원한 행복이 돼요. 여러분이 오늘까지 다 늙어가도록 밥을 자시고 인생을 경험했는데, 어느 것이 이 천지, 우주 사이에 영원한 지혜이고, 어느 것이 영원한 행복이라고 따로 지적하는 사람이 하나도 없다 이것입니다.

그래서 여기 오셨으니 내 말을 잘 들으시오. 제가 보시다시피 중 아닙니까. 어떤 것이 중이더냐. 우리 전라도 말로, 천지 자연과 생명계를 제불중생(諸佛衆生: 여러 부처님과 중생)의 한 생각으로 다 꿀떡 마셔서 소화를 시켜도 배부를 줄을 모르는 것이 중(스님)이래요. 천지가 이뤄지기 이전에, 이미 생(生)을 뛰어넘고 다시 생으로 돌아와서 중생의 영원한 행운을 전개하고 가르치고 노래하는 역할을 하는 것이 중이래요. 그러니 중 가운데서도, 모든 사람들 가운데서 부처님과 같은 대 성현이 있어서 우주를 먹여 살릴 수 있는 복이 있는 것입니다. 부처님이 이렇게 항상 탁자에 앉아계셔도 말을 합니까, 움직입니까. 또 자연이 어디 말을 하고, 요청을 합니까. 태양이 그렇게 위대하지만 어떻게 말을 하고, 어떻게 선별해서 나타납니까. 우리 타고난 생명들이 천지 자연과 생명계의 힘을 얻어서 지혜를 밝힌다면 표정만 봐도 천지 자연의 원리를 다 밝힌 사람의 얼굴이 되거든요.

내가 한 달 전에 일본에서 누가 오라고 해서 가보니까 일본 조동종(曹洞宗) 본부를 데려다 주거든요. 가보니까 일본이란 나라는 외침이 없는 나라라서, 큰 시내 가운데 몇 천년된 장목이 그대로 지키고 있더구만. 그저 부럽기는 부럽대. 우리나라는 산중뿐이지, 도시에는 거의 없거든요. 그런데, 한 시간 동안 그 넓은 도량에서 다 설명을 듣고, 대접을 잘 받고 마지막에 제일 높은 집을 올라갔어요. 올라가서 일본 조동종의 종조(宗祖) 스님을 만났는데, 지금 내

나이가 칠십넷인데, 그분은 칠십둘이더구만요. 보니까 무척 점잖고 복도 있고, 한평생 거기서 수행을 했는데, 인사 끝에 옆에 통역을 놔두고, 지필묵(紙筆墨: 종이와 붓과 먹)을 가져오라고 했지. 내가 글 한 수를 써내기를,

"통현일할(通玄一喝: 진리에 통달한 한번의 고함소리)이다, 약정답(若正答: 만약 답을 맞추면)이면 일방(一棒: 한번 때리리라)하리라."

하나를 뛰어넘어서 대우주 시방삼세 부처님 경지가 가지고 있는 자원을 쓸 필요도 없이 내 말이 거기 가서 우뚝 권위가 서는 말인데, 만약 정답을 말하면 내가 한 방망이 칠 것이다 그랬습니다. 그러니까 거기서 글로 써 내기를, 『반야심경』에서 몇 마디 적는 겁니다. 내가 답이 있을 것 같으면 여기까지 와서 그 질문을 하겠소, 지저분한 말을. 답이 없는 말이니 가지고 있는 생각 또 한번 해봐라 한 거거든요.

하지만 뭐라고 해도 정답이 안 나오거든. 내가 그래서 단도직입적으로 한 말이

"무척 점잖고 복도 있고 그런데, 어떻게 그렇게 골이 비었소?"

하니, 옆에 서 있는 사람들이 삼엄하게 긴장했다 이겁니다. 이와 같이 해서 한 15분 동안 대화를 이끌어나가는데, 그래도 말을 했거든요.

"참 내가 여기서 대접을 잘 받았는데, 이 나라를 대표해서 참선을 엄중히 수용하는데, 거기서 한 부분만 양심이 있어도 그 표현을 다 할 것인데, 어쩌면 고구마 푹 삶아 놓은 것같이 맛이 없냐."

그러고 보니까 일본이 잘 산다고 해봐도 근본을 뚫고 보면 참 그렇습니다. 우리나라는 중이 갈팡질팡하고, 신도들도 존경심이 없어서 큰스님들도 망신을 안 당하던가요. 그렇지만 불교 속을 들여다 보면 알게 모르게 공부 많이 한 사람이 참 많아요. 그래도 우리 한국불교에는 생기(生氣)가 있는데, 일본은 떠들기만 거창하게 떠들었지 생기가 없다 이겁니다.

"일본불교는 중하(中下)의 불교이지, 중상(中上)의 불교는 아니다."

그렇게 말해버렸거든요.

그리고 내가 그 다음날 청평사에, 또 그 다음날 총지사에 갔어요. 총지사 종조 스님이 한시에 만나기로 했는데, 가보니까 뭐 긴급한 일이 있다고 삼일 후에 온다고 그래요. 그래서 전갈을 받고 마찬가지로 '약정답이면 일방하리라'는 글을 한 수 써 주면서 "대답을 기다린다"고 했습니다.

이 말 한마디는 제불중생과 천지 자연의 생명계가 영원히 부처님의 은혜를 보답하는 내용이에요. 그것을 간단하게 말하자면, 여러분이 타고난 마음자리를 잘 계산해서 보완을 하면, 잘 산다 이겁니다. 달마 스님도 그러지 않았습니까. 너의 뜻이 씨앗이 되었다. "한 꽃에서 다섯 잎이 벌어지니[一花五葉: 심지의 개발을 비유한 말], 천지의 중생이 다 성불하게 될 인연이다" 그러지 않았습니까. (혜능 대사라는 한 송이 꽃에서 선가(禪家)의 오종(五宗)이 온 천하를 뒤덮었다고 하여 일화오엽(一花五葉)이라고도 한다) 그러니 마음자리(心地)를 개발하는 일에 전심전력하시기 바랍니다.

일체중생 구제하는 바다 같은 지혜와 자비

사람이 타고 나서 마음의 중심이 딱 선 사람은 자기가 걸어갈 바를 알아서 그때부터 생산법을 쓰면서 한 가정의 부모역할만이 아니라, 천지의 영원한 태양과 같이, 물과 바람 같이, 숨쉬는 공기와 같이 뭔가를 제공하는 역할을 하게 됩니다. 그러나 그 사람이 마음이 정해지지 않았으면 결국은 수포로 돌아간대요. 한 때의 복일 뿐이지, 생명이라는 것은 한계가 있는지라, 생명의 한계를 넘어가게 되면 아무리 좋은 것도 다 넘겨주게 됩니다.

그러나 마음의 중심이 정해졌다 하면 그 사람의 생산문(生産門)이 활짝 열리기 때문에, 영원히 나와 상대가 생도 다스리고, 멸도 다스려서 영원한 부처의 경지로, 다시는 중생으로 되풀이 되지 않고 부처의 경지로 돌아가게 됩니다. 그렇지 않으면 천지를 움직이는 자가 되어도 다 한 때의 일이래요. 자기 소유는 하나도 없어요. 내가 천천히 말을 해 줄테니까, 잘 듣고 가서 염불을 해도 그대로만 하면 바르게 힘이 나올 것입니다.

그래서 마음자리가 정해지지 않으면 다 남의 것이에요.

자기 소유는 하나도 없어요. 영원히 자기 소유가 되어 영원히 행복하려면 우선 밝아야 해요, 어두우면 헛짓입니다. 어두우면 물 떠오라 하면 죽 떠오고, 죽 떠오라 하면 밥 가지고 오고, 밥 먹다가 집안에서 싸움이 납니다. 물 가져오라 하니 밥 가져왔느냐, 밥 가져오라 하니 물 가져왔느냐, 그건 어두워서 뭘 모른 것이예요. 마음이 밝으면 밥이면 밥, 물이면 밥, 나와 상대가 아주 적중(適中)이라 이겁니다. 밝아야 한다는 말이나, 마음이라는 말이나, 지혜라는 말이나 표현은 세 가진데 내용은 하나라요.

하나가 뭐냐 하면 지혜거든, 밝은 지혜. 그래서 "우선 밝아야 겠다" 하는 겁니다. 아무리 봐도 일이 끝나기 전에 처리법이 확실해야 상대방에게 행복을 안겨주기도 하고, 내게도 지혜도 되고 복도 되고 소득이 되지요. 마음이 어두우면 죽도록 일해 놓고 끝에 가서는 한바탕 얻어맞고 나오곤 합니다. 그러면 신세가 한스럽지요. 마음이 밝아 놓으면 그 밝은 내용으로 설계를 하고, 또 노력을 하고 뒤처리를 다 해도 그 밝은 지혜는 줄어들지 않고 그대로 있습니다. 언제든지 그건 형상(形相)이 아니기 때문에, 시간에도 속하지 않고 공간에도 속하지 않고, 아무데도 속하지 않기 때문에 언제든지 밝기만 하면 제 것이 됩니다.

밝아만 놓으면 지구가 공전, 자전해서 풍마(風磨)로 닳아져서 먼지로 분해되어 허공으로 돌아가도 그것이 지구와 조화되는 한 모습이요, 성장하는 모습이고, 결실을 맺는 모습이고, 무너지는 것이 한 모습 아닙니까. 우주가 나타나서 이 지구가 몇 번이나 생겼다 없어졌을 정도로 셀수가 없는 그 숫자 이전에 하는 일도 밝아만 놓으면 금방하는 일 같이 기억을 하고, 이 생도 다스리고 멸도 다스릴수 있습니다. 타고날 때 내 한사람의 인격 자원이 일체중생을 다 구제하고도 그 지혜 자원은 줄어들지 않는다, 가만 두어도 부담되지 않는다 이겁니다.

이렇게 거기에서 지혜가 타고날 때 여물지게 잘 태어나면 한 사람의 지혜와 한 사람의 덕의 역량으로 대우주를 통솔하고도 줄어들지 않아요. 모든 생명마다 그처럼 그 자원을 타고납니다. 그래서 마음이 다 밝아지면 일체 지혜인이 됩니다. 대 지혜를 관리하는 주인공이기에 다 밝아지면 우주는 공(空)이란 말도 없어요. 뼈와 살은 어머니와 아버지의 것이고, 크게 말하면 하늘과 땅의 것이고, 시간과 공간의 것이고. 내 것은 없잖아요. 그래서 공인(空人: 비어있는 사람)이다 이거죠.

어째서 공인이냐, 대 우주는 공이다 이겁니다. 공 가운데의 생명인데, 생명은 처음에 시작할 때, 일체중생의 영원한 지혜와 영원한 행복을 모체로 계약을 하고 태어납니다. 풀 한포기, 벌레 한 마리라도 그가 생명이라면 천지자연의 생명계가 다 대들어도 풀 한 포기, 벌레 한 마리를 건들지 못합니다. 왜 그러한가, 한 생명이 천지자연의 근본이 되고 천지자연이 한 생명의 보좌관이 되고, 마음은 몸뚱이의 보좌(寶座)가 되듯이, 그렇게 형체가 아닌 것이 능히 형체를 다스린다 이 말입니다. 형체가 아닌 지혜가 시간도 다스리고 공간도 다스리는 것이죠.

내 마음이 타고난 지혜가 공이라니까요. 마음이 다 밝아지면 우주는 공이란 말도 없어지고 지혜로 바뀌져요. 그때 가서는 나란 사람은 원래 깨달았을 때도 일체 지혜를 갖춘 주인공이다 이겁니다. 마음은 대우주의 근본에서 창작, 생산해 내고 그 뒤에는 그것을 관리하고, 관리를 다 해도 그 다음은 줄어들지 않아요. 지혜는 그대로 가만 둬도 부담되지 않아요.

이봐요, 천자암이나 활안 스님이나 천지성현과 중생에

게 이렇게 거짓말을 한마디씩 해주고 얻어먹고 살아요. 하지만 이렇게 거짓말을 해도 제불성현이 나한테 말 잘못 했다고 한마디 해본 적이 없어요. 다 밝아졌대요. 중생은 틀린 거라도 맞는 걸로 알고, 맞는 거라도 틀린 걸로 알고, 저 사람이 부처라면 그렇게 알고 얻어먹고 삽니다. 이 중이 이렇게 거짓말을 해요.

제불성현들은 천지자연을 다 털어 놓고서 어느 것이 천진 지혜고, 어느 것이 행복이다 라는 말은 하나도 하지 않아요. 『화엄경』을 다 뒤적여 봐도, 『법화경』을 꿀딱 삼켜 소화시켜 봐도 어느 것이 지혜고 어느 것이 자성자리이고 복이라고 지적된 것은 없소. 다만 하신 말이 있으면, "네가 타고난 생명이 그 원인이 되기 때문에, 그 타고난 마음씨를 다 밝혀라, 깨달아라." 이 소리지, 다른 아무 말도 안 했거든요. 그 『화엄경』과 『법화경』에 걸림이 없는 마음자리는 진리라고도 하고, 지혜라고도 하고, 자성자리라고도 합니다. 어느 생명이든지 무위대비심(無爲大悲心: 함이 없이 내는 큰 자비심)에서 생명이 탄생되거든요. 난생(卵生) 태생(胎生) 습생(濕生) 화생(化生) 유색(有色) 무색(無色) 유상(有想) 무상(無想) 비유상(非有想) 비무상(非

無想) 일체중생의 그 무엇도 무위대비심에서 탄생됩니다. (난생은 새나 닭, 거위 등 알에서 태어난 것이고, 태생은 사람이나 말같이 태반 속에서 태어나는 것이고, 습생은 물고기나 모기, 파리 등 습한 곳에서 태어난 것이고, 화생은 변화하는 것인데 매미나 잠자리 등이다. 유색은 태생·난생·습생·화생 이외에 형상이 있고 물질적인 것으로 볼 수 있는 것이고, 무색은 우리가 알 수도 없고 볼 수도 없지만 확실히 존재하는 일종의 생명인데 예를 들면 귀신같은 것이다. 유상이란 중생이 바로 생각과 감각을 지닌 것이고, 무상이란 생각도 없고 감각도 없는 것을 말하는 것이다.)

어느 생명도 이 도리를 포기하지 말고 오직 겸손할 것을 맹세하면 나무 한 그루를 딱 심어 놓은 것과 같이 저절로 자라게 됩니다. 나무 한 그루를 딱 심어만 놓으면 누가 키워주는 것이 아니고, 나무 자체의 힘으로, 땅의 힘으로, 그것이 응해서 연결이 되면 그 힘으로 뿌리가 내리고 싹이 틉니다. 마찬가지로 우리 어머니, 아버지가 나를 낳아도 나를 낳아준 것이 아니고, 내가 태어나도록 노력만 하신 것이지, 나를 낳은 건 아니거든요. 왜 그러냐, 성냥으로 불을 켤 때 불이 불이 아니고, 성냥이 불이 아니야, 뭔가 서로 부딪히는 여건에서 불이 켜지기도 하고, 꺼지기도 하고 그럽니다. 우리 어머니 아버지가 낳았는데 좀 더 계획을 잘 세웠더라면, 내가 문수보살이 되고, 석가모니가 되고 그럴텐데, 지금도 이 모양이에요. (웃음)

박수 한번 쳐봐요. 이렇게 해서 내가 타고난 마음자리가 다 밝아지면 무엇과 같으냐 하면, 대우주 만유(萬有)와 같습니다. 그리고 우주만유를 다 정리하고, 마지막에는 명백(明白)만 남습니다. 명백의 뒤처리를 어떻게 하느냐. 내가 무슨 죄인이요, 명백에 끌려가며 살게 말이요.

그래서 다 밝아져서 자성자리가 타고난 생산문을 활짝 열어놓으면 "가는 곳마다 봄과 같은 계절이니 우리도 한번 잘 살아보세" 하고 어느 중생한테도 그렇게 희망을 안겨줍니다.

"울지 말아라, 너희들 중생은 울지 말아라, 우리가 할 일이 없다, 네가 타고난 마음자리가 제대로 발휘되어서 울이유가 없는데, 먼저 할 일을 나중에 하고, 나중에 할 일을 먼저하고, 잘못은 네가 해놓고 자연법이 어떻다 하고 원망을 하느냐. 그것이 병신 육갑하는 거다."

이러는 겁니다.

그런데 우리 김대중 대통령이 처음 취임사 할 때, 내가 들었거든, 내가 그거 듣고 하는 말이 이랬소.

"당신도 고생문이 열렸소."

왜 그러냐, 내 뜻과는 같지 않다 이겁니다. 내가 만약 대통령 취임사를 한다면

"모든 이 나라의 국민, 전 세계 시민들, 대 우주의 생명들은 듣거라. 내 이념은 천지자연, 생명계의 모든 성현들, 모든 심령들이 일할 수 있는 일거리를 잘 설계해서 제공하면 그분들이 노력해서 그 공로가 모이고, 그 공로가 이 나라 뿐만 아니라, 남북 통일과 세계 통합으로 나아간다."

이겁니다. 어떻게 합쳐지느냐. 나와 상대, 동양과 서양이 하나 되면 싸울 이유가 없어요. 부부지간의 사랑 싸움처럼 서로 당신 때문에 행복하다고 그러니까요.

천지자연 생명계의 생산기반이 불확실해서 잘못 사는 게 아니고, 지혜를 사용하는 법을 몰라서 그래요, 그러지 않아요? 그래 놓고

"내 뜻은 이렇다, 내가 앞으로 내 할 일은 명실공히 대통령이다, 여러분이 나보고 대통령이라고 해서 대통령이지, 내가 언제 나보고 대통령이라 했느냐."

그런 말을 해요.

"잘하는 것이나 못하는 것이나 내 말 들어야 해."

그래 놓고

"나는 사람만 이리 저리 관리하는 사람이다, 누구든지 적재적소에 그 인물, 그 적임자가 아니면 거기 세워놓지 않아요. 나는 사람을 정리하는 사람이고, 정치는 국회에서 하고 행정은 장관 이하가 하고, 산업은 그 뒷사람들이 합니다."

이렇게 말합니다.

"무슨 수로 그런 지혜를 타고 났으리오?"

그러지만, 지금 그나마라도 남북 통일의 기반이 잘 됐으면 하는데,

"좋은 찹쌀을 가지고도 죽을 쒀서 사람들이 얻어먹겠다 하는데, 못 얻어먹으면 어쩌나?"

하는데, 그것이 다 걱정입니다. 나도 애국자지요. 내가 이래 봐도 모르는 건 많아도 아는 건 똑 소리 난다 이말이지요.

여러분이 "타고난 마음자리를 다 밝혀야 겠다" 라고 목표를 딱 세우면, 나무 한 그루가 적재적소에 딱 식수가 되

어 저절로 크듯이 저절로 밝아지는거요. 그러면 그 때부터 생산 권한자가 됩니다. 나라는 사람은 이미 마음자리가 정해졌기 때문에, 내가 생활하는 것은 무변대해(無邊大海: 끝이 보이지 않는 바다)와 같고 천지생명은 무변대해의 바닷물을 퍼내는 그릇과 같아요.

내가 앞으로 소망이 하나 있다면 그릇이 아주 커서 무변대해를 한 그릇으로 다 퍼내는 사람이 된 후에, 내가 법을 다 전수하는 것입니다. 그러고도 내 자원은 줄어들지 않고 부담되지도 않으니까요. 내가 바람과 같아서 천지생명의 뒤처리를 다 해주고도 줄어지지 않고, 내가 생산량이 확실한 것은 일체의 생명이 하나같이 산소로 호흡하는 것은 똑같다 이 말입니다. 그러지 않습니까. 내 생산량이 산소 호흡에 필요한 공기와 같아서 천지생명에게 다 제공하고도 줄어지지 않습니다. 그러고 본다면 내가 타고난 마음자리가 다 밝아지는 것이 목표일 수밖에 없어요 "내가 타고난 마음자리로 변성(變成)해서 일체중생을 다 구제해야 겠다" 라고 딱 정해놓으면, 그놈만 딱 지을 줄 알아야 겠습니다.

단박에 부처 경지로 바뀌는 도리

내가 보다시피 부처님 제자이지만 부처님을 따라가는 사람이 아니고, 부처님 은혜를 보답하는 사람입니다. 내가 천지 가운데 살지만 천지에 의존하는 사람이 아니라, 천지의 은혜에 보답하는 사람입니다. 왜 그러냐, 노력할 줄 아는 것이 보답이고, 생산할 줄 아는 것이 자원이고, 그렇지 않습니까. 여기서 누가 흠 잡으려면 흠 잡아봐요.

놀부가 망한 것은 그렇게 과거에 타고난 업력이 싹 바뀌져서 그렇게 망할 길로 갔구나, 흥부가 그렇게 가난했지만 언젠가는 하루 아침에 복귀가 되는 그 길로 갔구나, 심청이가 불운한 가정에 태어났지만 내가 할 일을 바로 하면 자연 생명계의 우리 아버지, 어머니의 은혜를 입는 이치를 알아서 나는 또 보람을 느낍니다. 그렇기 때문에, 하루 아침에 심청이 상황을 바꿔서 왕비 자리에 안 올라갔습니까. 누구든지 심청이 얘기하면 잘 했다고 안그래요? 그처럼 계속 지혜가 커지고 한번 마음이 잘 정해지면 그처럼 끝없이 덕이 생기고, 끝없이 마음이 밝아지고 그럽니다. 그래서 시집갈 때마다 삼십이상 팔십종호를 갖춘 부처님 같은 사나이를 만나 시집가고, 장가갈 때마다 삼십이상 팔십종 호를 갖춘 문수보살, 관음보살, 지장보살 같은 이를 만나서 장가를 가는 겁니다.

내가 장가를 가기는 가야 되는데, 갈 데가 없어 부처님에게 가기는 갔는데, 앞으로 가려면 문수보살이나 관세음보살 같은 분에게는 내가 좀 손해를 보지만 장가를 가야겠다 이겁니다. (웃음) 그런데 왜 손해냐, 그것도 경제 아닌가. 내가 경제를 이해하면 그래도 손해지요. 경제가 아닌 것은 아니고, 경제로 인해서 경제가 아닌 데로 들어가야 하잖아요.

이 중에서 공부가 되는 사람은 이 말 잘 알아두세요. 못 들은 사람은 그냥 씨앗이 되면 되고요. 그래서 밝아만 놓으면 언제든지 즐겁고 남에게 다 줘도 줄어들지 않고, 가만히 둬도 부담되지 않고, 언제든지 일체 시간과 공간이 이뤄지기 이전의 일도 바로 지금의 일처럼 다 기억이 나고, 생도 다스리고 멸도 다스린다 이 말입니다. 영원히 행복하려면, 그러니까 내 마음 자리가 다 밝아질 때는 내가 타고난 심성, 자성자리는 대동태허가 시작이 될 때 이미 연결이 되었다고 생각하세요. 내가 한평생 살아나가면서 목표에 뜻을 둔다면 타고난 마음자리가 한꺼번에 다 밝아진다, 이렇게 딱 정해버려요.

그래 놓고 '관세음보살' 하면 그냥 그 말이 밝아지고, 또 신묘장구대다라니를 외우면 목표가 이뤄지는 겁니다. 신묘장구대다라니가 그렇게 위대하지만, 『금강경』은 32구절로 번역해서 누구든지 보면 자기 나름대로 기억할 수 있어요. 그런데 천수다라니(신묘장구대다라니) 그것은 뜻이 없어, 뜻이 있다면 두 글자뿐이죠. 바로 '신묘(神妙)'라, '신'은 천지가 이뤄지기 전 천지의 자성을 상징하는 것이고, '묘'는 내 마음자리가 다 밝을 때 심량(心量)은 대동태허라는 겁니다.

그렇기 때문에 아무리 그렇게 좋아도, 내 소망의 목표가 없이 살면 그 공은 다른 사람이 뺏어가 버려요. 돈 벌어가지고 쓸 줄 모르면 다른 놈이 안 가져 가든가요. 아무리 예쁘고 잘나도 소갈머리가 없어서는 사람들에게 버림받지 않나요. 그러니 잘 살려면, 지혜가 먼저 생겨서 다른 사람한테 속으면 안되거든요. 아이고, 좋은 줄 알았더니 소갈머리 없어요, 그러니까 다른 사람 속게 하면 안돼요. 못생겨도 지혜부터 갖추고 잘 생겨라, 그 말이지요.

그래서 이제 목표를 정해서 천수다라니를 외우고 『금강경』을 독송하면 몸의 60여 조의 세포가 다 살아납니다. 지금 현재의 첨단 과학이라도 두뇌 세포가 일부분 밖에 사용이 안돼요. 그런데 아무 생각없이(일념으로) 염불하고 독경하면 하루 아침에 부처님 경지로 바꿔집니다. 불교를 신봉 안하고 오히려 원망해도 '한꺼번에 다 밝아야겠다' 그 말만 들으면 눈으로, 귀로, 코로, 입으로, 몸으로, 뜻으로 육근(六根: 인식작용을 일으키는 눈, 귀, 코, 혀, 몸, 뜻의 여섯 가지 근원) 육식(六識: 주관이 객관을 인식하는 여섯 가지 작용. 안식(眼識), 이식(耳識), 비식(鼻識), 설식(舌識), 신식(身識), 의식(意識)을 말함)의 이르는 곳마다 하나도 낭비가 안되고, 내가 마음먹는 것을 뒷받침 해주는 거예요.

내가 여기(송광사 천자암) 온 지가 24년 째거든. 처음에 오니까 이 집이 다 찌그러져 있어서 부엌에 가보니까 솥에 누룽지가 붙어 있고 쥐가 나와서 다닐 정도였는데, 그때 나이가 오십대 였어요.

'내가 한평생 중노릇 하는데, 오대산에서도 한 삼십년 있다가 사람들 질투를 받고 왔는데 또 가는 데마다 이렇게

외롭단 말이냐, 갈 수록 이렇게 외롭다냐?'

이렇게 전라도 말로 신세한탄을 했습니다.

그런데 그날 저녁에 밤에 잠을 자니까 한 도인이 나타나서 씩 웃어요. 그래서 보니까 강원도 법흥사 있을 때 나를 업어다 놓은 그 노인인거야. 나보고 이제 내가 도와줄테니 업히라고 그래, 그래 업혀서 한참을 가더니 태산도 아니고 야산도 아닌 산 중턱에 와서 멈췄어요. 그 노인이 씩 웃으면서 여기는 오래 있으면 보건(保健)이 다 되고, 여길 싫다고 버리고 가면 평생 두 가지 여건을 잊어버릴 거라고 그러더군요.

내가 오늘 날까지 살았지만 두 가지 여건을 성공시켰다는 생각은 아직도 없거든요. 그러니까 송광사에서 여기가 6키로미터 인데 20리 길이거든. 폐사가 다 된 사찰에 길을 내야 하는데, 조그마한 절에 누가 투자를 하느냐 이 말이죠. 근데 그 노인이 와서 하는 그 말을 듣고, '아 선배 성인이 살다간 집을 내가 보건할 수 있다면 뼈가 갈아지더라도 해야지' 하고 다짐을 했습니다. 그런데 오늘날 와서 보니 인연인가는 모르지만, 그 뒤로 의사 소통이 잘 되어서 길을 내고 도로 포장을 하고 전화와 전기 케이블이 깔렸어요.

내가 하는 일이 있다면 부처님 앞에 밥 한 그릇 올려놓고 걱정하는 거였지요. 이제는 절 복원이 다 됐으니까 누구라도 가라고 하면 갈 테고, 살으라면 살테고. 이제 둥글둥글 사는데 어떻게 하는 건 원래 내 자유야.

마음자리가 딱 정해져 있으면 내가 사는 집이 부처의 집이고, 내가 사는 생활이 부처의 생활이고, 내가 노력하는 댓가가 안으로는 마음 밝아지는 것이 기본이요, 밖으로는 우리 집 한 가정과 사회 모두 영원히 잘 살 수 있는 복과 덕을 쌓는 길입니다.

이렇게 여러분이 내게 절을 세 번 하는 것은 나한테 하는 게 아닙니다. 첫 번째 하는 절은 제불성현에게 하는 것이고, 두 번째 하는 절은 천지가 시작되면서 이 시간에 이르기까지 과거의 조상들에게 하는 것이고, 세 번째는 '오는 세상에 내가 성불해서 일체중생의 영원한 행복을 안겨줄 겁니다' 하고 발원하며 절하는 거거든요. 그러니 그런 줄 아시고 열심히 한번 살아보소.

생사를 초월한 실상(實相)은 멸하지 않는다

　밝아야겠다는 결정은 내가 하고, 또 공부를 그렇게 하겠다는 마음이 정리되면 숨을 내쉬고 들이쉬는 댓가가, 나의 천진지혜의 판단력을 생산하는 법이요. 왜 그러느냐 하면 일체중생의 생명이 시작할 때, 전용 판단력이 지혜 있는 삶의 밑받침이 되고, 일체중생의 생명이 다하면 전용 뒤처리가 되는 겁니다. 그런데 어째서 태어나는 것을 좋아하고 죽는 것을 싫어하는가. 내가 타고난 천진지혜를 온통 동원해서 생명이 탄생되면 상대방의 생명을 생본멸본(生本滅本: 생멸의 근본)에 맞게 처리해 줄 것이 아닌가. 그러니까 한평생 결산을 해 보니까 내가 남한테서 태어나서 '멸함이 없는 곳'(나고 죽음이 없는 곳, 즉 열반의 경지)으로 걸어가는 것이 기본방침이다 이거요.

　그러니까 지금이라도 여러분이 나를 믿는다면 잘 들으세요. 생본(生本: 생명의 본체)은 무생(無生: 태어남이 없다, 본래 생사가 없다는 본무생사(本無生死)의 준말)이다, 천지자연 생명계를 다 동원해도 생명의 근원은 줄어들지 않는다는 말이거든요. 남음이 없이, 모자람도 없이 다 갖추고, 산 생명이라면 뒤처리는 하는데, 생각하는 것 역시 저절로 다 맞아떨어진다는 거요. 첨단과학 마냥으로 그저 눈이 빠지도록, 손가락이 빠지도록 노력해 봐도 나중에 보면 공(空)이 뒤처리를 했는데, 왜냐고 문제를 제기합니다. 하지만 우리는 일이 끝나기 전에 이미 처리를 해서 '생본무생(생명은 본래 태어남이 없다)'이다 이겁니다. 생멸은 공하다, 생과 멸은 한 생각 설계를 잘 해서 고놈 다 쓰고 내가 정리하는 것과 같다는 것이죠. 마음에 복이 한결 좋았든 나빴든간에 다 쓰고, 고놈을 또 뒤처리해서 도로 천지의 본원으로 환원시킨다 이겁니다.

그래서 생멸은 공해서 텅 빈 거다, 실상(實相: 생사에서 벗어나 있는 열반의 경지)은 상주(常住: 항상 머문다)다 이겁니다. 아무리 내가 천지자연 생명계를 창작해내도, 그 실상은 줄어들지 않는 그대로 있는 것이여. 그렇지 않나요. 공(空)에서 물체가 생기는 과정을 아무리 되풀이해도 그저 자원은 공에서 무한히 나오잖아요.

그래서 여러분이 어떻게 생겼든, 누구를 막론하고 그가 생명이라면 무한(無限)이란 두 글자로 연결이 되어 있어요. 고놈을 쓸 줄 알면 그 사람은 지혜의 판단력이 생산된 사람이여. 그래서 하루 저녁에 만번을 죽고 만번을 태어나는 지옥 중생이라도 이 말을 들을 때에 자유를 얻어요.

무엇이든 분해를 목표로 해서 하나에다 하나를 충돌시키면 영이거든. 폭탄과 같아서 상대방도 박살나고 나도 박살나는 이것이 요점이 아닌가. 그 하나된 자동공정이 영이거든. 영에다 영을 보태면 영이 되는 과정이 다 있다, 거기에서는 선취득권(先取得權)이다. 흑이 먼저면 이 우주에 흑이 위주가 되고, 백이 먼저면 백이 주가 되는 법입니다. 먼저 갖는 놈, 먼저 가서 사는 놈이 임자다 이거요. 그 생각 자체가 어둡거나 조건이 없어서 먼저 보는 놈이 임자거든요.

천지 생명이 풀 한 포기, 돌멩이 하나가 먼저라면 천지 생명이 순서대로 가서 "나는 당신의 몸이 되어 드리리다" 그럽니다. 생명들마다 그와 같은 본래 원인이 다 이리 저리 걸림 없이 다 엮어져 있거든. 그래서 생본(生本)이 참으로 금강(金剛)의 불가사의라. 그 불가사의한 원인이 이미 연관성이 있기 때문에 그렇게 해서 '내가 밝아야 하겠다' 고 마음에 중심이 서면, 여섯 심복이 다 뒤처리 해주고 떨어지지도 않아요. 또 붙을 자리에 가서 인연이 도래하면 생명을 또 생산시켜 줍니다. 그 한계대로 흰 것은 흰대로 검은 것은 검은대로, 좋은 것은 좋은대로, 나쁜 것은 나쁜대로 그렇게 늘 되풀이 해도 무생(無生: 본래 삶이 환상이어서 태어남이 없다)이라 줄어들지 않는 거예요.

들으시오. 원래 차원 이전에는 하자가 없지만 현재 차원에는 시방삼세의 제불과 같은 역량으로 중심을 세워도, 노력을 안 하면 문이 닫혀버려요. 돈을 벌어놓고 쓰지않으면 녹슬어 버리고 딴 놈이 주인 노릇을 하는 것처럼 말입니다. 그래서 삼보(三寶: 세 가지 보배인 부처님, 가르침, 불교공동체) 전에 규합을 하고, 관세음보살을 스승 삼아서 밝아지려는 노력을 해야 하는 것입니다.

일체중생이 모두 성불하는 그날까지

내가 오십여 년 동안 무엇을 많이 보았느냐 하면, 심량(心量)이 어떻게 되었는가 늘 그것만 봤거든요. 오늘날에 와서 보니까 아하, 그 전에는 어느 누구든지 부자가 되고, 복이 많이 있고, 소원이 다 이루어질 정도로 그렇게 피나는 노력을 해도 그렇게 안되는 것이 웬일이냐, 그게 문제거리가 되었다고요.

그런데 자세히 보니까, 그 흠처(欠處: 모자란 점)가 드러나더라고. 어떻게 드러나느냐. 사부대중과 온 국민이 이렇게 목적과 거리감을 두고 가기 때문이죠. 수행하면 깨닫는다, 기도하면 복이 된다, 하면 된다는 그것이 무엇과 같으냐 하면, '물어 물어 찾아 왔는데, 그 님은 안 계시네' 하는 것과 같아요. 따지고 보면 한참 잘못한 것이라고. 떡 줄 사람은 생각도 안 하는데 김치를 몇 도가니를 누가 들고 갖다 주나, 선약(先約)이 없었는데 이 말이죠.

사부대중이 전부 이렇게 거리감을 두고 기도하면 되는 일이 없어요. 무진삼매(無盡三昧: 무너짐이 없는 삼매)에 들어가면 깨닫겠지, 도를 통하겠지, 복을 주겠지, 장가 들여자가 찾아오겠지, 시집갈 남자가 찾아오겠지 하다가 나중에 신세한탄만 남거든. 세상에 제일 힘든 것이 무엇이냐 하면, 병신 짓거리 처럼 힘든 것이 또 어디에 있냐고. 제대로 하는 것은 힘들이며 하는 것이 아니여, 자동으로 굴러가는 거지. 그러니까 이것이 사실이라면 공법(空法)이 다해도 시간이 모자란 법이라요.

그런데 모두 이렇게 거리감을 두고 있는데, 내가 무슨 말을 할려고 그러느냐. 여러분 식물학자는 한번 보고 평생 쓸수 있는 품종을 선택해서 접목을 해요. 그런 만큼 본인도 목적을 갖고 노력한다 이거요. 여러분이 모두 다 밝아져서 판단력이 정확한 목적을 성취할 수 있도록 내가 노력한다 이 말이죠.

『법화경』을 보면 '유일승(唯一乘)이요 무삼승(無三乘)이라' 그랬어요. 오직 일승만 있고, 삼승은 없다는 것이죠. 승(乘)이란 타고 가는 수레와 같은 것으로, 중생을 실어 깨달음으로 향하게 하는 가르침을 비유한 말입니다. 일승은 일체 중생이 모두 성불한다는 견지에서 이들을 구제하는 교법은 하나뿐이고 절대 진실한 것이라고 주장하는 것이고, 삼승은 깨달음에 이르는 세 가지 실천법을 말합니다. (삼승에는 성문승(聲聞乘: 소리를 듣고 깨닫는 가르침), 연각승(緣覺乘: 연기법으로 깨닫는 가르침), 보살승(菩薩乘: 많은 사람을 깨닫게 하는 보살의 가르침)이 있다. 이 중 이승(二乘)이라고 불리는 성문승과 연각승은 혼자 번뇌에서 벗어나는 것을 목표로 해 소승불교로, 보살승은 일체중생을 제도하는 것을 목적으로 하는 대승불교를 가리킨다. 『법화경』에서는 사람의 자질이나 능력에 따라 성문, 연각, 보살 등 각각의 고유한 실천법이 있다고 하는 삼승의 견해에 대해, 삼승은 일승으로 나가기 위한 방편이라고 결론을 짓고 있다.)

삼신(三身: 부처님의 세 가지 몸)은 법신(法身: 텅빈 자성, 진리의 몸) 보신(報身: 일체 청정한 진리의 작용) 화신(化身: 육도를 만행하는 화신의 몸)이요, 대원경지 평등성지 묘관찰지는 본성이고 일승이라 했거든. 『화엄경』에 보면 아무리 봐도 대비심에 벗어나는 말이 없거든요. 내 본성이 천지생명의 원료로 밑받침이 되었기에 '천비장엄보호지(千臂莊嚴普護持: 일천개의 팔로 온 누리를 보호하여 거두오며) 천안광명변관조(千眼光明邊觀照: 일천 눈의 광명으로 뭇 중생을 살피오며)라' 그랬거든요. 그런데 대비심이 뭐냐 하면 제불성현의 함량을 표현하는 것이거든. '원아속지일체법(願我速知一切法: 원하건데 일체법을 속히 알게 되어지이다)'에서, 일체는 마찬가지로 본심에서 나온다든 말이거든요.

그래서 내가 심성이 밝아야겠다는 결심에서 나온 밝음이나, 판단력이라는 말이나, 대비주(大悲呪: 천수대비주, 천수다라니)이라는 말이나 똑같다고 했지요. 관세음보살이 그랬거든요. 대비주를 외우더라도 자성의 청정을 목표로 해서, 결국은 대원경지(大圓鏡智)의 증득을 목표로 하라고 일렀지요. 내가 폼을 재고, 대비주에 뭐가 있는 줄 알고 수행하지는 않았다는 말이죠. 그리고 또 그 내용에 일체중생이 남김 없이, 모자람이 없이 성불의 원통(圓通)으로 뜸이 들기 전에는, 따로 뭔가를 추구하지는 않는다 그랬거든요. 만약 그렇다고 한다면 염병이라 그랬거든, 마음으로 병을 만든다 그말이요. 그래서 내가 말씀드리는 것은 한마디로, 성불이란 목적 때문에 관세음보살을 찾는다면 하자가 없다는 것이예요.

내가 이래봬도 모르는 것만 빼고 아는 것은 똑소리 나거든. 이렇게 해서 어떻게 공부를 해야 한다는 마음 방식, 어떻게 하면 공부를 성취하는지 알고 제대로 노력하면 순서도 없이 단번에 알고, 모르면 아무리 해도 모르는 법이오. 알면은 단번에 제불(諸佛)의 함량이, 심량이 대동태허입니다. 심성은 그대로 대동태허의 반영을 보여주는 것입니다. 모든 생명이 하자가 없는 곳에서 탄생되기 때문에 개개인이 석가모니 부처님과 다름 없다는 말입니다.

숨 들이쉬고 내쉴 때
대비주(大悲呪)를 돌려라

　내가 중이 되어서 사흘 동안 '무자(無字) 화두' (부처님은 일체중생에게 불성(佛性)이 있다고 했는데, 조주 스님은 왜 '개에게는 불성이 없다'고 했는가를 참구하는 공안)를 들려고 그랬거든. '무~' 하는데, 성현들이 나보고 대비주(천수대비주)를 하라 그러거든요. 처음에는 들은 체 만 체 하는데, 가만히 생각해 보니까 무(無)도 공(空)이고 대비주도 공이다 이거요. 저 분들이 내용을 얼마만큼 확실히 했으면 나를 그렇게 인도했을까. 무나 대비주나 피장파장이다, 다 공이다 이 말이죠. 다만 '나의 목표는 성불이다' 그렇게 해 나갔거든요.

　사람이 좀 안정이 되어 재롱을 떨어야 누가 돈도 갖다주고, 뭣도 갖다 주고 하는 거지요. 그러니까 가만히 앉아 있는 부처님이 밥을 준다 돈을 준다 해도, 그 분은 모르거든. 상대방이 자기라는 상이 없이 텅 비워 버려서 자기를 파악하고 보면 움직이지 않은 게 자성에 연결되지 않았겠소. 그저 내가 공이면 곧 통하거든. 그러니까 하나도 헛된 것은 없어요.

여러분들에게 부탁드리고 싶은 것은 숨을 내쉬고 들이쉬는데, 무의 대비심, 대비주(大悲呪)를 매일 동반하라는 거예요. 숨을 내쉬고 들이쉬는데 건성으로 하는 사람도 자성을 밝히려는 목표가 있으면 한 번에 백만 배는 해야 합니다. 견성에 '견' 자가 확연치 않아도 백만 배를 하고 참 잘했다는 기억이 남아야 하거든요. 행복은 노력의 댓가야. 석가모니 부처님이 지금 현세에 탄생하셔도 우리와 같이 피골(皮骨: 피부와 뼈)이 상접(相接: 서로 붙다)하도록 노력을 해야 맞아 떨어진다고. 안그러면 되는 법이 없어요.

왜냐하면 정말 언제든지 초심(初心: 초발심의 준말. '초발심시변정각(初發心時便正覺)'은 처음 깨달음의 마음을 내는 그 안에 이미 깨달음이 성취되어 있다는 뜻)이거든. 성불을 해도 노력은 초심이요, 성불을 안 해도 노력은 초심이요. 여러분들이 신묘장구대다라니로 삼보(三寶)에 신고를 하고, 귀의(歸依: 삼보인 부처와 가르침과 불교공동체로 돌아가 의지함)하고 관세음보살을 외우고 스승에게 보고하고, 무의 대비심을 24시간 쉬지 않고 내 돌리면 그 주위 환경이 다 정리가 되고, 보기만 해도 상대방이 병이 낫고 만지기만 해도 병이 낫고 그럽니다. 아, 난로 피운 방에 들어가면 얼음이 그냥 안 녹던가요. 너무나 예쁜 사람이 옆에 있으면 그냥 자기 생각도 잊어버리고 거기 말려 들어가고 그 사람 좋은 생각만 나고, 배고픈 사람이 좋은 음식을 보면 안 먹어도 그냥 밥 먹을 생각을 잊을 정도로 좋고, 그런단 말이요.

그러니 수행 이력(履歷: 지나온 흔적)이라는 것은 불가사의합니다. 그처럼 경계가 위대한 줄을 알면 시작할 때나, 나중이나 변함이 없어야 합니다. 돈이 좋은 줄을 알려면 사람 관리를 해야 하고, 사람 관리를 하려면 자기 타고난 심성이 밝아져야, 적어도 저한테 속지 않고 상대방한테 속지 않을 정도로 관리가 돼야 해요. 그러니까 성불(成佛: 부처가 되다)해도 대비주는 돌아가야 하는 것이고요. 제자가 모래를 짊어질 만큼 걸망에 담아 주면서 뭐라뭐라 했는데, 석가모니 부처님이 천수다라니를 외웠기 때문에 모래가 쌀로 바꿔졌제. 그처럼 안될 일이 없거든요. 그와 같은 것이 불가사의야.

그런데, '사람들이 기도를 아무리 많이 해도 왜 안되느냐' 하고 내가 검토를 해 보니까. 기도하는 자가 폼을 재거든. 이 생각 저 생각 하니까 안되는거요. 관세음보살이 약을 지을라고 보니까, 주인 되는 이가 횡설수설 하니까 종잡을 수 없거든. 흑을 만들어야 할지, 백을 만들어야 할지 갈피를 못 잡아서 안되거든요. 관세음보살이 이렇게 무심해 가지고, 인정머리가 없어서 안되는 것이 아니라, 주인되는 이가 목표가 확실하지 않아서 기도성취가 이뤄지지 않는 것이야. 기도자가 일사천리로 '나는 열 번 백 번 해도 밝은 것이 목표다', '열 번 백 번 해도 장가 가는 것이 목표다', '시집 가는 것이 목표다', '돈 버는 것이 목표다' 그러면 될 일이거든. 농사 짓는 사람을 보면 알수 있죠. 여건이 좋은 곳에 씨앗을 뿌려서 씨앗에 상처를 안주면 그대로 안 크던가요. 관세음보살의 노력도 그와 같아요.

그러니까 마음은 천지자연 생명계의 백억만 종(種)을 창작해 내는 원인이 되고, 또 그렇게 창작이 이루어지면 나중에 관리하는 주인이 됩니다. 고난의 원인은 제불성현에도 없고, 다른 사람에게도 없으며 다 본인의 책임이예요. 자연이나 부처라는 말이나 똑같다고, 자신이 노력하는 대로 준다고요. 그러니 먼저 본인의 심정이 얼마만큼 정확하고 명백하냐를 따져야하는 것입니다.

옛날에 조주 스님은 어느 암자에서 일곱 살 때 중이 되었습니다. 그런데 암주(庵主: 암자의 주지)가 보니까, 당신이 감당하기에는 어려워. 그러니까, 그때 당시에 대종사에 계시는 남전 큰스님 회상에 데리고 가서 인사를 시켰어요. 일곱 살 난 어린 중이 절을 하니까, 남전 스님이 누워서 절을 받았거든. 어린 조주 스님이 절을 하니까 남전 스님이 물었어요.

"너 어디서 왔느냐?"

"서상암(瑞祥庵)에서 왔습니다."

"서상(瑞祥: 상서로운 모습)을 봤느냐?"

"서상을 못 봤지만은 부처(남전 스님을 비유함)가 누워 있는 것은 봤습니다."

깜짝 놀란 남전 스님이 벌떡 일어나서 다시 물었지.

"네가 주인이 있느냐, 없느냐??"

네가 마음이 정해진 것이냐, 아니냐? 스승(주인)을 선택했느냐, 아니냐? 그 말이거든요.

조주 스님이 절을 세 번 하면서 아직도 초봄이어서 날씨가 추운데, 스님이 앉고 서는데 "안녕하십니까?" 하고 절을 하거든.

그러니까 남전 스님이 이 아이를 별채에다 특별히 앉혀라. 좋은 방에다 살게 해 줘라 했어요.

하루는 남전 스님이

"주(조주)야, 주야! 내가 작야삼경(昨夜三更: 어젯밤 삼경, 삼경은 밤 11시에서 새벽 1시 사이)에 문수와 보현을 한 손으로 거머 쥐고 담 너머로 넘겼는데, 너는 어떻게 생각하느냐?"

그러니까, 조주 스님이 되물었어요.

"잘 했습니다. 근데 그 뒤처리는 어떻게 할 것입니까?"

"주야, 본시 네가 주인 아니냐."

이렇게 남전, 조주 스님 두 분이 참 멋있는 분들이거든.

여러분들은 집으로 돌아가면 내가 사는 생활이 부처의 생활이고 내가 노력하는 댓가가 부처의 댓가가 될 수 있는 것이니, 안으로는 단번에 자성자리를 깨닫겠다는 그 목적을 갖고 노력을 하면 됩니다. 그 대비주를 늘 남이 뭔지 모르게, 숨을 내쉬고 들이쉬는데 늘 습관을 들이면 몸이 밝아지거든. 어디를 가던 썩어 없어져도 그건 계속 돌고, 쉬지 않아서 습관이 그렇게 돌고 있거든. 일만 맞으면 생명이 탄생이 되고 일만 맞으면 뒤처리가 되며, 여건만 맞으면 빛이 난다, 여건만 맞으면 불이 일어나듯이 부처가 이루어진다 그 말이거든요.

견성을 해도 노력을 해야 하고, 견성을 안 해도 노력을 해야 합니다. 공부 안 한 사람이 참선을 하고, 공부 안 한 사람이 경을 보고, 공부 안 한 사람이 유위법(有爲法: 인연에 의하여 생멸하는 만유일체의 법)을 닦습니다. 공부 안 한 사람은 모르지만, 공부한 사람은 '자성 청정'(자성이 본래 청정무구(淸淨無垢)하여 닦고 구할 것이 본래 없다는 뜻)입니다. 거기다 덧붙인다면 모두가 또다른 목적이 있기 때문입니다. 울면 같이 울어주고, 기쁘면 같이 기뻐해 주고, 이러쿵 저러쿵 하는 것은 모두 구구절절히 목표 때문입니다. 조금만 삐뚤어지면 깨진 그릇에 물 붓는 것과 똑같다고요. 그러니까 이 법이, 천 번 만 번 들어도 항상 새롭게 알아들어야 해요. 그래서 습관을 한 번 잘 들여놓으면 잠이 들어도 잠이 안 들어요.

성불의 씨앗은 발심(發心)

그 옛날 어느 나라가 지금 대한민국 실정과 같았던가 봐. 영의정이 국왕에게 고하기를, "나라를 지도할 스승을 모셔야겠습니다."

하니, 국왕이

"정권을 맡기니 그대가 알아서 하라."

고 그랬어요. 그런데 전국 방방곡곡을 다 뒤져봐도 스승 될 만한 인재가 없거든.

그래도 며칠 묵으면서 보니까 스님이 한 분 있는데, 상호(相好: 훌륭한 외모)도 거룩하고 속마음도 알찼거든. 그분이 구슬 옥자, 연꽃 연자, 옥연(玉蓮)이야. 그분이 국사로 선택이 되어 국왕한테 가서 발령장을 받아서 산중에 돌아와 법회를 했어요.

하루는 영의정이 이 국사를 모시고 같은 배로 동해 바다를 건너가는데, 날씨가 화창하고 물결이 수평인데도 갑자기 파도가 일어나 위험에 처하게 되었어요.

그때 옥연 국사에게 얼른 주문(呪文)이 하나 생각이 났거든. 본사(本寺)에서 스승에게 인사를 한 뒤, 누워서 밥을 먹고 누워서 똥을 싸는 사형에게 작별인사를 하니까, 그 사형이 주머니를 하나 주면서 말했던 기억이 난 겁니다.

"그대의 소원이 다 이루어진 후에도 힘으로 어찌 할 수 없는 일이 있거든 그때 주머니를 펴 봐라."

국사가 그 주머니를 펴 보니까 부적이 하나 적혀 있는데,

"영창 물러가거라. 영창!"

이렇게 적혀있어요. 국사가 그대로 외우니까 바다의 파도가 일체 잔잔해져 버려요.

그제서야 옥연 국사가 눈물을 주르르 흘리면서 이렇게 다짐했어요.

"사형님이시여, 나는 지금도 반개입니다. 내가 국사(國事)를 안정시키면 본사를 찾아가서 사형님에게 이 도리를 물으리라."

국사가 되기 전 어린 시절, 옥연이는 아버지가 오십이 다 되어서 태어났는데, 그렇게 무병장수하고 총명한 대인상(大人相)으로 잘 났대요. 그래서 일곱 살 때, 그 어머니 아버지가 옥연이를 데리고 절로 불공을 드리러 갔습니다. 그런데 부처님 전에 가서 불공(佛供) 드리고 밥 한 그릇 올려놓고, 예불문을 외우는데, 옥연이는 부처님을 보고

"참으로 위대한 분이로구나" 하며, 그 절에 살기로 작정을 하고 이렇게 다짐을 했대요.

"아버지 어머니시여, 저를 낳으시고 7년 동안 키워주시니 부모님을 영원히 기쁘게 해드릴려고 내가 도를 배울 것입니다."

그래서 이제 절 식구가 셋이 되었는데, 그 뒤에 그 고을 원님이 예방해서 질문을 하나 했습니다.

"이 절의 식구는 몇입니까?"

"둘 반입니다."

옥연이는 자기는 잘났으니까 자기 스승하고 자기는 사람이 온 개고, 사형은 누워서 똥을 싸고 밥을 먹으니까 반 개라는 거야.

원님이 "어째서 두 개 반입니까?" 하고 다시 물으니까, 스승이 말했습니다.

"저 부엌에 있는 아이(옥연)는 좋은 금과 은으로 그릇을 만들었어도 아직 사람이 안 되었으니까 반 개고, 나와 누워 있는 상좌는 온 개입니다. 저 아이는 겉으로 보면 내 상좌지만 내부로 보면 내 스승이요, 몇 천 겁을 닦아도 따라갈 수 없는 스승입니다."

옥연이가 분개해서 "나도 온 개가 되야겠습니다" 하니, 스승이 훗날 가사 장삼을 입혀서 총무원으로 보내 가지고 국사로 당선되도록 하는 사연이거든요.

뒷날 옥연 스님은 국사를 완료하고 본사로 돌아가 스승님한테 인사를 드리고 사형님한테 절을 하며 눈물을 흘리면서 말했습니다.

"사형님, 저는 지금도 반 개요."

그러자 사형님이 옥연 스님의 손을 꼭 잡으면서 말했습니다.

"그대가 소원이 다 이루어졌기에, 내가 지금 설명할 거니까 들으라. 그대가 전생에 남의 집에 귀공자로 태어나서 어머니 아버지가 아이를 낳아 놓고, 이 아이가 남자 아이냐, 여자 아이냐, 그걸 바라볼 시간도 없이 모두 돌아가셨다네. 더구나 이 아이가 일곱 살이 되니까 눈이 하나 못 쓰게 되고, 다리를 하나 못 쓰게 되고, 몸이 반쪽을 못 쓰게 되어 반신불수가 되어 버렸어. 죽지 못해 몸을 끌고 다니면서 이렇게 세월을 보냈는데, 하루는 그 고을의 갑부가 죽었는데, 석 달 전부터 49재(四十九齋: 사람이 죽은 지 49일 되는 날에 지내는 의식) 음식을 만들어서 그 고을 사람들이 모두 포식을 했다고. 갑부가 법사 스님 모셔서 법문을 듣는다는 말을 듣고 절에 절룩절룩 찾아가서 그 음식을 배부르게 다 먹고, 법사 스님이 하는 법문을 들었다네. 그런데, 세상에 사람이 타고나서 자기 마음자리를 깨달아 가지고 오랜 시간 자동연소가 되면 이렇게 사람이 부처가 되어서, 팔만대장경을 설하게 되는 법이지. '나의 음성을 들은 사람은 소원이 다 이루어지고 나의 모습을 보는 사람은 해탈이 다 되어 버린다'는 말처럼 그런 부처님이 한 번 설법을 해서 법문을 적어 놓은 것이 팔만대장경이거든. 팔만대장경이 다하도록, 지구가 온전히 분해되도록 그 생명들이 대우주에서 보면 다 착함으로부터 성불의 소원이 다 이루어지고, 그런 부처님이 법문을 하시다가 돌아가시면 그 부처님을 상징해서 삼층탑으로, 오층탑으로, 열두층탑으로, 칠층탑으로 그 부처님을 살아있는 모습과 똑같은 모습으로 장엄하는 것이 탑이거든. 그래서 그 탑에 가서 발원하면 소원이 다 이루어지는 것이다. 좋은 생각을 하면 다 그것이 인(因)이 되어서 싹이 되어 다 이루어지는 법이다. 그 아이가 그 법문을 듣고 절둑절둑, 그 고을 빈 터에 있는 탑에 가서 오른쪽에서 왼쪽으로 세 바퀴 돌고 탑에다 절을 하고 이렇게 기도했다네.

'내가 발원합니다. 금생에는 복이 아무리 많아도 그 복을 수용할 자리가 안 되니 다음 생에 몸을 새로 받으면, 이 몸뚱이는 32상(相)의 대인상이 생기고 몸은 유리빛, 금빛, 은빛으로 되고 눈은 큰 해와 달 같이 찬란하고, 한 번 들으면 천지 일을 다 알아버리고 끝내는 국사가 되고 온 국민이 불법으로 귀의해서 성불하도록 할 것입니다.'

그리고 나서 탑을 세 번 돌고 절을 세 번 하고 거기서 50년 동안 피나는 노력을 해서 끝내는 탑 밑에서 탈거(脫去: 몸을 벗고 입적하다)를 했어. 그대의 노력의 댓가가 빈틈 없이 금생에 다 이루어 졌노라. 이제는 차츰차츰 대원경지가 일망타진이 되면 평등성지가 성장이 되고 평등성지가 일망타진이 되면 묘관찰지가 되고 묘관찰지가 일망타진이 되면 성소작지다. 능히 중생을 성불시키게 되고, 원하는 것이 다 이루어질 것이다."

그러니까 사람의 성공은 이처럼 노력하기에 달렸어요. 어느 정도 노력해야 하느냐. 꼭 흥부와 같이 노력을 해야 하고, 심청이와 같이 실천을 해야 한다 이런 말입니다.

어디서 왔소?

활안 큰스님의 선禪 법어집

3.
세상을 향한
사자후(獅子吼)

한 생각 또렷하면 천지가 봄

산에 오르며 지극히 당연한 의문 하나를 떨치지 못한다. 왜 산에 오르는 것일까. 지금이야 아스팔트와 시멘트로 평평해진 길이 부처님 모신 대웅전 앞까지 나있지만, 예전 이 도량을 열었던 스님들은 속진(俗塵: 속세의 어지러움)을 멀리해 첩첩산중에 터를 잡았다. 그런데 속진에 물든 중생이 오롯한 암자를 찾는 연유는 무엇일까.

조계산 천자암. 고려말의 타락한 불교를 개혁하기 위해 수선결사(修禪結社: 참선 수행을 다짐한 스님들의 모임)

를 열었던 보조국사 지눌 스님의 자취가 서려 있는 암자이다. 천자암의 명물인 쌍향수(雙香樹)는 보조 스님과 당나라 왕자 출신으로 보조 스님의 제자인 담당 스님이 짚었던 지팡이라는 전설이 전해지고 있다.

산죽과 겨울 바람이 어울어지는 조계산 중턱. 숨이 턱에 차고 다리가 뻑뻑해질 지경에 이르러서야 암자의 초입에 닿는다. 범종각과 법왕루 아래로 펼쳐진 첩첩한 산등성이가 아득하다. 마치 도반처럼 나란히 서 있는 800년 묵은 쌍향수는 여전히 푸르른 기상과 기품을 내뿜고 있다. 거기에 활안 스님이 계시다.

활안 스님은 새벽 2시면 어김없이 자리를 털고 일어나 도량석에 나선다. 도량석부터 조석예불과 천도재를 주도하신다. 기자가 천자암을 찾았던 다음 날 새벽예불. 목탁을 치던 스님이 장갑을 벗지 않고 있었다. 바로 불호령이 날아갔다.

"이놈, 법당에서 장갑을 끼고 목탁치는 놈이 어딨어. 이리 내놔라."

깜짝 놀란 젊은 스님이 허리를 굽혀 잘못을 빌고서야 잠깐의 소란이 가셨지만, 법도에 어긋남을 봤을 땐 그 자리에서 호통을 쳐서 바로 잡는다. 칠순 중반의 노구임에도 "젊은 날의 스님 사진을 보면 퍼렇게 날 선 도끼와 같다"고 말하는 후학들의 평이 전혀 과장이 아님을 알 수 있다.

서릿발같은 엄함이 있는 것만은 아니다. 저녁 공양 후 한 수행자가 질문을 드렸다.

"스님, 유학(儒學)을 불교에서는 어떻게 보아야 하는지요?"

스님의 답변이 이어진다. 어린아이의 질문에 답하는 자상한 아버지의 음성이다.

"유학에서도 인천(人天: 인사와 천리)의 도리를 설하고 있으니 공부해도 탓할 일은 아니지. 그러나 유학에는 가장 중요한 본성이 빠져 있어. 나라고 하는 놈이 빠져 있으니 조선 500년의 폐불(廢佛: 불교를 탄압함)이 있었고, 폐불은 어쩔 수 없는 유학의 흠이지."

천도재를 올리는 것도 스님의 새벽 일과다. 6·25 한국전쟁, 80년 광주의 5·18, 2차대전 때 학살당한 유태인 등 재앙으로 목숨을 버린 원혼들을 위로한다. 오전에는 방문을 걸어 잠그고 참선에 든다. 20여 년 전이나 지금이나 똑같은 일과이다. 요즘은 간간이 붓을 들기도 한다.

"지금까지 참선과 기도로 살아왔고 수행자의 할 일이 참선과 기도 말고 무엇이 더 있겠어요. 깨달으면 부처이고, 미혹하면 중생인데 수행해야지요. 나이 먹었다고 수행자의 일을 놓아버리면 안 되지요. 특별하게 볼 일이 아닙니다."

다른 데서야 어찌 살았건 이곳에 와서는 객스님이나 기도하러 온 재가자의 일과도 이와 같다. 노스님이 직접 나서니 안 나설 수 없어 처음에는 어정쩡한 마음으로 따라하지만, 며칠 지나면 활안 스님의 변치 않는 초심에 머리를 숙이지 않을 수 없다. 겨울 한 철 활안 스님을 모시고 살겠다며 천자암에 들어온 대범 스님은 "요즘은 어느 절에 가던지 몸 편하게 날 수 있지만, 그러면 사람이 게을러지기 마련"이라며 "노스님 회상에 오니 환희심이 난다"고 말한다.

사람 몸을 굴려야 하니 게으름이 붙어다니게 마련이다. 활안 스님은 백운산에서의 일화 하나를 꺼낸다. 하루는 나무하러 갔다가 낫에 손을 베었다. 피가 흥건했고, 신세 한탄이 절로 나왔다. 이렇게 해야만 성불할 수 있나 하는 의 구심이 들기도 했다. 저녁을 해 먹고 참선에 들었다가 깜빡 잠이 들었다. 그런데 꿈에 큰 부처님이 스님을 팔베개로 안는 것이 아닌가.

"너만 외로운 것이 아니다. 과거 현재 미래의 제불성현(諸佛聖賢: 여러 부처님과 성현)도 타고난 기틀을 쓰지 못하면 다 녹슬어 버린단다."

벌떡 일어나 부처님께 삼배하고 기필코 성불하겠다고 다짐했다.

"부처님께서는 나를 버리라고 했는데, 내가 있다는 아상(我相)을 떨치기가 어렵습니다."

스님께 여쭈었다.

"타고난 성품을 개발하면 대우주의 무한한 지혜를 얻을 수 있습니다. 방법은 없어요. 방법이 없으므로 생명의 결정권을 갖는 것이지요."

그러나 방법이 없다는 말씀이 아닌 듯하다. '이미 석가모니 부처님과 역대 조사님들이 설해놓은 방편이 수백 수천의 경전이고 어록인데, 행하지 않고서 예까지 와서 길을 묻느냐'는 호통이었다. 눈앞에 보이는 어떤 물건의 본질을 온전히 설명하기도 불가능한데, 마음의 움직임과 깨달음의 경지를 다른 사람에게 말과 글로써 가르친다는 것이 가능하겠느냐는 되물음이다.

"예전에 어떤 사람이 장가를 들었는데, 첫날밤에 색시가 지필묵을 내밀며 시 한수를 달라고 했어. 무식쟁이 신랑이 배운 게 없어 써줄 수 없었지. 그 길로 산 속에 들어가 10년 공부를 했어. 그렇게 하는 것이야. 간절한 마음으로 구하면 누구든 밝음을 얻을 수 있습니다. 뼈에 사무치고 오장육부(五臟六腑)를 찌르는 대의심으로 화두를 챙기면 자신도 모르게 모든 잡념이 사라지고 한 생각만 또렷이 드러나게 되는 법이지."

이어 스님은 "운명을 바꿔쳐야 해. 법칙을 범하지 않되 자기의 뜻이 표준이 되어야 한다"고 툭 한마디를 던졌다. 이 말씀에 문득 경허 스님의 일화가 떠올랐다.

젊은 스님이 노스님에게 물었다.

"스님, 어떻게 살아야 합니까. 무엇을 해야 합니까."

경허 스님이 답했다.

"그대 마음 속에 일어나는 일이면 무엇이든지 하게. 착함이건 악함이건 하고 싶은 일이면 무엇이든지 다 하게.

그러나 털끝만큼이라도 머뭇거린다든가 후회 같은 것이 있어서는 안 되네. 망설임과 후회만 따르지 않는다면 무슨 짓이든지 다 하게. 바로 이것이 산다는 것일세."

스님은 요즘 며칠 동안 감기를 앓아 몸이 편치 않았는데, 치아까지 심술을 부려 오랜만에 광주에 다녀왔다고 말씀을 이어갔다. "내가 세상을 거뜬히 이겼는데 치통은 이기지 못하겠더라구. 그래서 병원에 다녀왔지. 치과원장한테 '내 입의 주인은 당신 아닌가'고 말했다"며 크게 웃음을 지었다.

활안 스님은 스무 살 되던 해인 1946년 월정사로 발심 출가했다. 외숙모에 이끌려 석 달 동안 스님의 법문을 듣고는 바로 이 길이 내가 가야 할 길이라는 환희심이 들었다. 어려서 부모를 잃고 큰 병까지 앓은 터여서 삶에 대한 의문이 컸던 시기였다. 2년 후 월산 스님을 은사로 사미계를 받고 서른세 살 때 자운 스님을 은사로 비구계를 받았다. 이후 상원사 청량선원과 지리산 칠불암, 범어사, 용화사 등 제방선원의 선지식을 찾아 40안거를 성만했다.

스님은 그동안 '생멸미생전 시심마(生滅未生前 是甚麽: 나고 죽는 이전의 나는 이 무엇인고?)'를 화두로 삼아 일념으로 정진했다. 워낙 철저한 수행이어서 오히려 대중들의 화합을 깰까 걱정이 들 정도였다. 한번 좌복(坐服: 방석)에 앉으면 방선(放禪: 좌선을 쉬는 시간)은 물론 공양(供養: 식사) 시간을 넘기기 일쑤였다. 독살이를 저어했지만 광양 백운산에 움막을 짓고 생사를 걸었다. 백운산에서의 수행 4년만에 오도송(悟道頌: 깨달음의 노래)을 읊었다.

통현일할만기복(通玄一喝萬機伏)
언전대기전법륜(言前大機傳法輪)
법계장월일장명(法界長月一掌明)
만고광명장불멸(萬古光明長不滅)

(스님께 뜻을 물었으나, "알도록 공부해라"는 한마디를 주신다. 우리말 풀이는 기자의 소행이다.)

통현 장자의 할(喝: 고함)에 온갖 근기 굴복하니
한 생각 이전의 큰 지혜로 법륜을 전함이로다.
법계를 비추는 달, 손바닥을 비추니

만고의 빛은 다함이 없네.

이즈음 송광사 구산 스님에게서 전갈이 왔다.

"천자암을 지킬 이는 스님뿐이니 천자암에 계세요."

매일 새벽 예불 때마다 날이 밝으면 백운산으로 돌아가
야지 했는데, 어느덧 스물다섯 해가 훌쩍 지나갔다. 당시
뼈대만 남았던 천자암을 누가 와서 살아도 큰 불편은 없도
록 그럴듯한 도량으로 가꿔놨으니 이제는 언제든 떠나도
홀가분하다는 생각이다.

후학들과 신도들을 위해 흔한 법어집 한 권 내는 것도
가당찮은 일로 여긴다. 어록은 가르침이 될만한 말씀을 모
아 후학들이 펴내는 일이니 당연하다. 언어로 표현되기 이
전 또는 언어 너머의 경지를 문자라는 틀로는 온전히 담아
내지 못한다. 스스로 체득할 수밖에 없는 경지를 어찌 말
과 글로써 전하려 하겠는가. 개구즉착(開口卽錯), 입을 열
어 혀를 놀리는 순간 뜻을 그르친다고 옛 어른들이 경계하
지 않았던가.

그래도 거듭 여쭙자 부득이 했던지 말씀은 하시지 않고
또다시 게송으로 대신했다.

타파주장일진산(打破拄杖一塵山)

삼세불조실비공(三世佛祖失鼻孔)

약인돈견유전신(若人頓見有轉身)

백초두상무변춘(百草頭上無邊春)

주장자 내리치니 티끌 산이 무너지고

삼세의 부처 조사 콧구멍을 잃었네.

누구라도 단박 깨쳐 부처 이루면

온갖 생명 피어나 천지가 봄일러니.

그리고는 대뜸 종문제일서(宗門第一書: 선종 최고의 어록)로 꼽히는 『벽암록』의 저본격인 『설두 백칙 송고(雪竇百則頌古)』를 편찬한 설두 스님의 일화를 꺼낸다.

"『송고』는 선문답과 설화, 일화 100가지를 모아 이에 대해 설두 스님이 자신의 견해를 '운문의 형식'[頌古]으로 서술한 책인데, 설두 스님은 이 『송고』를 쓰며 한 줄 쓰고 한 번 절을 했어요. 조사님네의 뜻을 그르칠까, 후학들에게 길이 될 수 있을까 했던 노심초사의 발로이지요. 요즘 글 쓰는 사람이나 학자나 정치하는 사람들을 보면 순서 없이 마구 뛸 줄만 알았지 많은 사람들을 바른 길로 이끄는 방향이 없어요. 먼저 할 일 나중에 하고, 나중에 할 일을 먼저 해놓고 남을 원망합니다. 산봉우리에 선 모습만 머리에 꽉 차 있지 고개를 넘고 내를 건너는 다리품은 생각을 하지 않아요. 종교를 믿는 사람들마저도 다르지 않아요."

무릇 일거수 일투족이 철두철미해야 한다는 일갈이다. 우리 몸이 우주를 품고 있듯, 그 사람이 무엇을 하든 정성을 다 하면 우주가 감응하는 이치를 밝혀준 말씀에 다름 아니다.

아무래도 범부중생인 기자에게는 어려운 가르침이다. 글자풀이에만 매달리니 "한 호흡 내쉴 때 천지를 살려내고, 한 호흡 들이쉴 때 천지의 생명을 거둬들여 마무리한다"는 노스님의 깊은 뜻을 종잡을 수 없다.

해우소 문짝 16절지에 '활안 합장(合掌: 두 손 모음)' 하며 붙여놓은 「보왕삼매론」의 가르침이 더욱 간절한 게 솔직한 심정이다.

"복은 검소함에서 생기고, 덕은 겸양에서 생기며, 대도(大道)는 안정에서 생기고, 근심은 애욕에서 생기고, 재앙은 물욕에서 생기며, 허물은 경망에서 생기고, 죄는 참지 못하는 데서 생기느니라. 눈을 조심하여 그릇됨을 보지 말며, 입을 조심하여 이익 되지 않는 일에 부질없이 시비하지 말고, 항시 참되고 너그러운 말을 할 것이며, 몸을 조심하여 그릇된 자를 멀리 하고, 어질고 착한 사람을 가까이 하라. ….."

천자암 점심 공양시간. 모든 대중이 공양간에 앉았다. 멀리 광양에서 마음의 짐을 가득진 불자들이 스님을 친견하러 왔다.

"처사는 머리가 많이 벗겨진걸 보니 빚이 많은가봐. 어디가면 대우받겠어."

공양간이 삽시간에 웃음바다가 된다.

"어이 거기 기자들. 절에 산 적이 있어? 없어? 밥은 얻어먹을 정도는 돼?"

머뭇 머뭇하는 기자들을 향해 또다시 할이 떨어진다.

"절밥 얻어먹는 것을 귀히 알아야 해."

천자암 공양시간은 평상심시도(平常心時道: 평상심이 바로 도이다)한 평범한 진리를 체현할 수 있는 곳이었다.

"그대가 곧 부처"임을 스님은 평범한 언사로 끊임없이 강조했다.

그러나 그 깊은 도리를 알아듣는 중생은 별로 없었다.

활안 스님은 세간과 출세간에 문을 열어놓고 있었다. 누구든 문을 열고 스님에게 참구할 수 있다. 그러나 그 참구가 사구(死句: 죽은 말)나 기행(奇行)으로 떨어지면 여지없는 벼락이 떨어진다.

활안 스님은 수행가풍은 덕산 선사의 그것처럼 할(喝: 고함침)과 방(棒: 몽둥이질)의 거친 언행이 깃들어 있었다. 백척간두(百尺竿頭: 백 척의 장대 끝)에서 진일보(進一步)한 수행자만이 가질 수 있는 활발발한 자재(自在)의 자리를 여여(如如)하게 확보하고 있기 때문이다. 월산 스님을 은사로 득도한 후 청량선원 칠불암 범어사 용화사 등 제방 선원에서 전강, 구산, 향곡 스님 등 선지식들과 공부하며 진아와 허상을 분별해 내는 지혜인 모습 그대로 였다.

"수행자는 범사에 철저해야 한다는 평범한 진리를 일평생 그대로 실천하고 계십니다."

스님을 모신 상좌들의 한결같은 말이다. 참으로 무서운 모습으로 일관해 온 것을 확인할 수 있는 대목이다. 생의 근원적 출처를 묻는 중생들에게 스님은 철저할 정도로 무섭게 그 허상과 진상을 일깨운다. 그러나 스님은 늘 아쉽다. 미오(迷悟: 어리석음과 깨달음)를 깨치려는 중생들이 누군가를 의존해 자신의 길을 가려고 한다는 점이다. "자기식대로 공부해야만 견처의 끝자락이라도 만질 수 있다"고 생각하는 스님은 가난한 살림살이를 가진 중생들에게 끝없는 자비를 베푼다.

"겨울나기 준비를 할 때면 스님께서 손수 벌목할 나무를 골라 준비합니다. 생명의 존귀함은 그 무엇보다 소중하다는 생각 때문입니다. 대중들과 운력을 매일 하시지요."

근원으로 돌아가면 모든 것이 분별없이 평등하다. 스님은 평범한 삶속에서 그 깊은 진리의 견처를 중생들에게 내보이고 있는 것이다. 속박을 벗어난 수행자 답게 스님은 영원한 법신의 아름다움을 중생들과 함께 살며 몸소 실천하고 계셨다.

현대불교신문, 2001년 1월 10일, 정성운 기자

한 생각 바꾸면 우주의 생산자 돼요

　새벽 2시 도량석이 시작돼, 3시 예불, 4시부터 5시30분까지 천도재(薦度齋: 죽은 이의 영혼을 극락으로 보내기 위해 치르는 불교 의식)를 올리는 조계산 천자암. 매일 올리는 천도재로 전 세계 곳곳의 유주무주(有主無主: 주인이 있거나 혹은 없는) 영가(靈駕: 영혼)까지 천도하고 있는 천자암에서 24년을 하루같이 초심의 빛깔로 수행하며 법을 펴고 있는 조계종 원로의원 활안 스님은 행복하고 싶어하는 중생들에게 태어난 마음자리를 다 밝아지게 하라고 사자후를 하신다. 활안 스님은 정확한 목표를 세우고 열심히 정진하다 보면 선지식을 만나게 된다면서 실천이 중요하다고 강조하셨다.

　스님, 인류가 추구하는 삶의 목적은 행복에 닿아있을 것입니다. 그렇게도 간절히 행복을 바라지만, 아이러니컬하게도 많은 사람들의 현실은 삶이 고통이라고 생각하고 있습니다. 어디서 행복을 찾아야 할지 길을 가르쳐 주십시오.

　모든 부처님이 영원한 행복을 일깨워 주시려고 진리를

설하셨습니다. 그러나 실제 중생들이 경전을 읽으면서는 직입(直入)해 표현해 놓지 않아 쉽게 찾지 못합니다. 간결하게 표현하면, 행복은 타고난 마음자리가 영원히 밝아지는 것입니다.

마음자리가 밝아지게 된다는 것에 담긴 깊은 뜻을 들려주십시오.

마음이 밝아지면, 나와 상대가 적중(的中)하게 됩니다. 나와 상대가 둘이 아니라는 것이지요. 밝아지는 것, 마음, 지혜는 모두 표현은 다르지만 모두 하나입니다. 마음이 밝아지면 시간에도, 공간에도 속해지지 않아 생도 다스리고 멸도 다스리기 때문에 그 역량으로 대우주를 통솔하고, 그 지혜자원(智慧資源)은 결코 줄어들지 않습니다. 그래서 마음이 다 밝아지면 일체 지혜인이라고 합니다. 일체 지혜는 바로 우주를 관리하는 주인공입니다.

불자들은 생활 속에서 불교를 실천하다 보면 자주 '어떻게?'에서 부딪치게 됩니다. 어렵게 느껴지거든요. 마음을 밝게 하는 방법을 일러주시지요.

애당초 유정물이든 무정물이든 종합적으로 생명체입니다. 어느 생명이든 시작할 때 지혜의 역량이 전체 생명의 원리, 원천이 되고 모체가 됩니다. 각자 생명들의 생사의 요체가 연결돼 있다는 것이지요. 그러니 우선 타고난 마음 자리를 잘 알아야 합니다. 그렇게 되면 대 우주에 영원한 복을 제공하는 태양과 같이, 물과 같이, 바람과 같이 되는 것이라고 말할 수 있습니다. 생명은 한계가 있는지라 마음이 정해지면 영원히 나와 상대가 생도 다스리고 멸도 다스리는 경지로 돌아갑니다.

결국 사는 방법을 배워야하겠습니다.

부모, 자식으로서 효심(孝心)의 도리는 다른 모든 진리에 연결되어 있기 때문에 효심이 끊기면 도도 못 닦고 되는 일이 없습니다. 세상 사람이 사실은 전부 물이고 바람이라. 따라서 그것에 잘하는 것이 효도여. 그 물, 불, 바람, 흙의 작용으로 오곡백과(五穀百果)가 열리고 그것이 또한 부모 아닙니까. 따라서 세상 모시는 마음이 부모를 바라보는 마음이고, 부모를 모시는 것이 세상을 모시는 마음인 것입니다. 효도라는 것은 뼛속을 배우는 것이 아니라 사는 방법을 배우는 것입니다.

그리고 마음이 밝아지는 것이 행복의 길이므로 거기에 목표를 딱 세우고 중심을 두도록 해야 합니다. 목표를 세우면 향방이 뚜렷해 자기식대로 일을 해나가기 때문에 사사건건 명랑하게 됩니다. 밝은 데서 태어나 영원히 훤한 데로 가야 하고 남이 없는 곳에서 태어나 멸함이 없는 곳으로 가는 노선으로 영원히 밝아지는 것입니다. 법신경계, 자성, 천지경계로 접목이 되서 죽고 사는 데는 걱정이 없게 되는 것입니다.

또한 때를 조성해야 하고 그렇게 되도록 노력해야 합니다. 여자건 남자건 세속이건 출세간이건 상관 없어요. 나무를 보세요. 한 그루를 심어놓으면 나무 자체의 힘과 땅의 힘이 응합돼 그 힘으로 뿌리가 나고 싹이 나오지 않습니까. 생명체는 "타고난 마음자리가 다 밝아지는 것이 목표다" 하고 정해놓고 그 마음의 근본이 여건과 맞으면 자기 역량대로 불이 일어납니다. 이 도리를 세상 사람들이 모르니 허덕거리는 거예요. 하나에다 하나 보태면 0이 됩니다. 이상하지요. 그러나 근본 원리는 나도 박살이 나고 상대도 박살나고 하면 도로 원점으로 돌아간다 이 말이지요. '나는 부처님으로 인해서 내 마음자리가 밝아져야 겠다' 하는 사명감으로 결정이 되면, 어두운데 영원한 봇물 역할을 하고 밝은 데서는 기를 더 보태는 역할을 하게 되는 것입니다.

우리는 살면서 여러가지 경계에 부딪칩니다. 이겨내는 지혜를 주십시오.

재가자들 뿐만 아니라 출가해서도 마찬가지입니다. 인간이라는 테두리를 벗어나지 못하고 자성(自性) 원리의 근본에 연결이 안 되고 뜻을 정해 놓고 실제 실천하지 않으면 그 사람의 마음은 절름발이입니다. 정각(正覺: 바른 깨달음), 견성을 바라고 도달해야 한다고 알고 있지만 실천하지 않으면 억천만년을 닦아도 드러나지 않아요. 부처님법과 천지자연은 공식이지 실제가 아닙니다. 이 사실을 분명하게 알아야 합니다.

예를 들어 부모님이 자식에게 밥을 먹게 갖다 주는 것은 인연법이지 실제 먹는 것은 자식의 마음에 합일이 되어야 하는 것 아닙니까.

한평생 불교를 해도 부처님 가르침을 실제화 하는데 거

리감을 두면 불행한 것입니다. 사는 재료도 모르고 그냥 사는데 어찌 행복을 알겠습니까. 남녀간 사랑도 확실하면 빛이 나고 그렇지 않으면 고통 속에서 갈등을 겪으면서 불행하다고 합디다. 뚜렷한 목표를 간직하기 바래요.

스님께서는 출가 전에 기독교를 믿으셨다고 들었습니다.

스무살까지는 신학에 몰입한 기독교 신자였습니다. 예수라는 사람이 거물은 거물인데 기나긴 세월의 과거에 스스로 해결 않고 십자가에 못박히는 방식으로 상대에 의해 마무리를 했거든요. 일 저지르고 뒷처리를 못한 것이며 완성의 생각이 아닙니다. 한때 이데올로기로 맹위를 떨치다 역사 속으로 사라진 마르크스, 레닌도 뒤처리를 할 줄 몰랐던 것입니다.

스님께서는 뒤처리를 강조하십니다. 그 뒤처리가 구체적으로 어떤 것입니까.

"나는 공인이다. 목표는 영원히 밝아야겠다" 하고 중심을 딱 세웠으면 보임(保任: 깨닫고 난 뒤의 보호하고 지켜가는 마음공부)해야 합니다. 바른 생각을 간직할 줄 아는 사람이 되라 이 말입니다. 자기가 생각한 것만큼 우주가 그대로입니다. 중심이 딱 서 있는 사람은 혼자만 행복한 게 아닙니다. 전 중생이 다 그 혜택을 받아갑니다. 마음의 중심이 선 사람은 언제 어디에서도 밝습니다. 밝은데 들어가서도 빛을 발하고 어둠에서도 빛을 보충해 줍니다. 즉 밝은 데도 끄달리지 않고 어둔 것도 버리지 않고, 밝고 어두운 것을 다 쓸 줄 알게 된다 이 말입니다. 한 생명이라도 자기 마음이 정해져서 회전된 밝은 지혜가 천지 생명이 태어나는 밑받침이 되고, 갈 때 뒤처리가 되고, 살아가는 동안 행복이 되는 것입니다. 자기 소유는 하나도 없어요. 마음이 정해지지 않으면 다 남의 것입니다.

오늘날 과학기술은 그 지배영역을 외면적 자연으로부터 내면적 생명에로 점차 확대하고 있습니다. 유전자 조작 및 생명 복제 기술은 '생명'의 의미를 근본적으로 바꾸고 있습니다.

생명은 처음에 시작할 때 일체중생의 영원한 지혜와 행복의 모체로 태어났습니다. 한 생명이 천지 자연생명의 근본이 되고 마음이 몸뚱이의 보장이 되는 것입니다. 즉 형체 아닌 것이 형체의 주인인 셈입니다. 마음은 대 우주를 창작해 내고 관리하고 그렇게 해도 줄어들지 않습니다. 지금 첨단과학이 활발하게 연구하는 생명사상의 밑바탕에는 이런 진리를 외면 내지는 등한시 하고 있는 것입니다. 중요한 것은 사람을 복제한다고 해도 그 업력(業力: 업의 원인이 되는 힘)까지 복제가 되지 않는다는 것입니다.

현대인들은 나날이 바빠집니다. 문명이 발달하면 할 수록, 이기(利器)를 누리면 누릴 수록 더욱 바빠진다는 생각을 하게 됩니다. 스님께서 말씀하시는 밝은 사람의 모습이 그립습니다.

온 세상이 다 보물인 줄 아세요. 당장 문밖을 나가면 그 사람들 속에서, 극단적으로 표현하면 뜯어먹고 살지 않으오. 다만, 나 한테 속지 않는 사람이 되어야 합니다. 상대방을 알고 속으면 밝은 사람이요, 평생 부처님의 은혜를 갚는 사람은 희망을 안겨주는 사람입니다. 내가 밝아지면 습관이 바뀌어집니다. 실제에 합류하게 해 본래의 습관이 되도록 합니다. 그리고 모든 부처님의 은혜가 발생합니다. 밝아지면 우주만유를 다 정리하고 마지막에는 명백(明

白)한 것만 남습니다. 가는 곳마다 봄과 같아 어느 중생에게도 희망을 안겨주지요. 적지 않은 중생들이 괴롭다고 아우성입니다. 사실 울 이유가 없습니다. 그렇게 되도록 원인을 제공했거든요. 그러니까 먼저 할 일 나중에 하고 나중에 할 일 먼저 해놓고 울고 남을 탓하니 더욱 안타깝습니다. 지혜를 사용하는 법을 모르는 것입니다. 천진(天眞) 자성이 밝음 중심에 선 사람이 많으면 불국토요, 극락입니다.

스님께서는 법을 구하는 제자들에게 '천수다라니'와 『금강경』을 많이 권장하시고 계신데요.

마음을 정해 놓으면 생산자가 됩니다. 천지 가운데 살지만, 천지에 의존하는 것이 아니고 무명대해(無明大海: 어두운 고통의 큰 바다)를 다 퍼내며 천지에 보답하는 것입니다. '천수다라니', 『금강경』을 하면 60억여 세포가 다 살아납니다. 그러면 그동안 죽었었느냐, 그건 아닙니다. 제 본질로 또렷이 활동한다는 것입니다. 즉 부처님 경지로 바뀌어집니다.

이것이 불교를 제대로 만나는 것입니다. 한 생각 넓혀 한 마음을 바꾸세요. 세상 말로 사고방식을 바꾸세요. 나라는 생각을 내려놓으란 말입니다. 내 언행이 일체중생을 행복하게 하는 것이다 하는 마음으로 돌려보시기 바랍니다. 한 생각의 지혜와 법과 역량이 그만큼 엄청난 것입니다. 인생이 최종에는 다 외로워요. 깨닫지 못한 사람은 외로워요. 마지막에서 결단을 내리지 않으면 안됩니다. 심청이도 아버지를 구해야겠다는 결심이 서니, 인당수(印塘水)에 풍덩 들어갔고 제석천(帝釋天: 하늘의 주인)에서 용왕에 지시해 구한 것 아닙니까. 한 생각 바꾸면 자성청정으로 탈바꿈합니다.

스님께서는 다른 원로스님들과는 달리 지금도 출가당시 그대로 예불, 천도재, 음력을 하고 계시는데 쉽지 않은 수행상이라고 봅니다.

나는 출가한지 50년이 돼 가지만, 늘 엊그제 중된 생각으로, 늘 초심(初心)으로 삽니다. 당연한 일이니 특별한 이유는 없어요. 그리고 내가 보조 스님이 쌍향수를 꼽고 자리잡은 여기 천자암에 온지 25년째입니다. 폐사된 사찰이다시피한 이곳에 처음 올 때 공양간에 눌은밥이 다 불어 산을 이룰 정도인데다 방에는 쥐가 나오고, 참 기도 안 찼습니다. 50여년전 출가해 오대산에서 수행하다가 이곳으로 온건데 선대(先代) 선인(先人)이 살다간 도량을 내가 복원할 수 있다면 뼈가 다하도록 해내야지 하는 마음이 들었습니다. 걱정도 많았는데 이제 복원이 다 됐습니다. 이제는 천지 제불성현의 천운이 보강되고 생명마다 화합이 되게 하려 하는데 되긴 될 것입니다.

선지식을 뵙게되면 우리의 국운에 대해 여쭙고 싶은 중생심이 듭니다.

우리나라는 3천년전 고구려 정부가 동아시아에서 최강의 세력을 구가했던 그 당시로 돌아갈 것이라고 봅니다. 고구려는 당시 한마디로 자만심이 발동했기 때문에 망했습니다. 자만심은 구석구석 썩어 멍드는 표정이예요. 그러다보니 정치기술 수준이 뒤떨어지는 것 아닙니까. 우리는 이제 남북 통합으로 고구려 영토 환원의 시기를 맞게 됩니다. 그 전제조건으로 동아시아 모든 지도자들과 합의하는 일이 남아있는데 한 울타리라는 공동의 업으로 단결을 강조한 명분을 앞세우고 제주도를 살만큼의 물질적 대가를 희사하는 예의를 갖추면 작품이 나올 것입니다.

끝으로 불자들에게 한말씀 주십시오.

제행무상(諸行無常: 우주의 모든 사물은 늘 돌고 변하여 한 모양으로 머물러 있지 않는다는 자각)입니다. 나와 상대가 정확한 목표를 세우고 열심히 노력하기 바랍니다. 공부만 하면 선지식은 저절로 만나게 되고, 그렇게 되면 모두 탁마(琢磨: 옥이나 돌를 쪼고 가는 것처럼 학문이나 덕행 따위를 닦음)해 주게 되고 제 물건은 제가 찾아 간다는 사실을 명심하기 바랍니다.

현대불교신문, 2001년 4월 26일, 위영란 기자

마음 밝지 못하면 세상이 다 거짓말

　조계산 천자암을 찾은 날이 말복이었다. 이날, 뙤약볕 아래 산길을 오르는 것 자체가 그대로 수행이었다. 사실, 떠날 때부터 수행자 심정이었다. 며칠 전 천자암을 찾았다가 법문은커녕 사진 한 컷도 건져오지 못하고 쫓겨난 터였기 때문이다.

"쓸데없는 소리 지껄이게 하지마, 입만 아파."
"아무리 말을 해도 알아듣지 못하면서 무슨 말을 하란 말이야."

　분명 세속의 노인네 심술은 아닌 듯 싶었다. 무슨 뜻이 있으련만 도통 알 수가 없었다.
　50년 넘게 목숨 걸고 정진한 큰스님과 어설픈 재가불자의 만남은 처음부터 이렇게 어색했다. 더구나 서쪽을 향한 스님방은 한여름 오후가 되면서 가마솥 마냥 찌는 듯했다.
　마침 공양주 보살이 찐 감자를 내놓자 스님이 유독 노란 감자를 들고서 한마디 했다.

"내가 감자밭에서 변을 봤는데 이것이 그 자리에서 나온 것이여. 맛이 기막히게 좋지. 자네도 감자나 먹고 어여 내려가."

말 그대로 '감자' 먹고 말았다. 법당 옆 쌍향수 아래의 수각에 있는 냉수로 끓는 속을 식혀야만 했다.

이번엔 아이들을 동행시켰다. 더위에 지쳐 움직이기 싫어하는 아이들에게 "교과서에 나오는 나무(쌍향수·천연기념물 88호)도 보고 큰스님도 친견하자"고 꼬드겼다.

아이들 동행 작전은 성공했다. 도인이 도인을 알아보듯, 동안(童顔)의 큰스님과 아직 때가 덜 묻은 아이들과의 대화는 술술 이어졌다.

"아야, 아가야, 너 나이를 바로 먹었냐. 거꾸로 먹었냐. 아니면 옆으로 먹었냐."

"잘 모르겠어요."

"그냥 먹었다고 해라."

"아가야, 너 잘 생겼냐 못 생겼냐."

"그냥 생겼어요."

"그러지 말고 돈을 많이 가지고 있게 생겼습니다. 그래라."

"야야, 너그 아버지는 어디 가서 거짓말해서 너희들 먹여 살린다냐?"

"…"

"마음이 밝지 못하면 세상이 다 거짓말입니다. 그래라."

"야야, 너는 무슨 새냐, 말 잘하는 앵무새냐."

"…"

"사람입니다. 그래라."

막둥이와 한참 선문답(?)을 나누는데, 이상하게도 스님이 묻고 대답까지 가르켜 준다.

이쯤해서 조심스레 스님께 한 말씀 청했다.

"내가 보물을 하나 일러주지. 어느 것이 보물이냐 하면 밝은 것이 보물이야. 어떻게 밝은 것이냐 하면 근거가 없이, 상대가 없이 단번에 밝은 것이 보물이거든. 말 그대로 단번에 밝는다면 대동태허(大同太虛)에 마음이 주인이 되지.

우주의 주인인 마음이 바르게 서 있으면 단박에 밝아질 때 판단력이 생겨나는거야. 판단력이란 쉽게 말하면, 거울을 볼 때 '내가 거울 앞에 선다'고 말하지 않아도 거울 앞에

서면 그대로 보여지듯 생겨나는거야. 이 보물을 찾아야 해.

그런데 이것이 쉽게 찾아질 것 같아도 그렇지 않아. 자나 깨나 앉으나 서나 한눈 팔지 말고 노력해야해. 그러다 보면 단박에 밝아지는 날이 와.”

활안(活眼) 스님은 1926년 담양에서 태어나 부모를 일찍 여의고 어려서 병을 얻어 큰 고생을 했다. ‘죄없이 병으로 고통받는 육체’에 대한 의문을 안고 1946년 월정사로 출가했다. 이후 상원사, 칠불암, 범어사, 용화사 등 제방선원에서 40안거를 성만했다. ‘나고 죽는 이전의 나는 무엇인가(生滅未生前 是甚麻)’를 화두로 정진하던 중 광양 백운산에서 오도송을 읊었다.

통현의 할에 온갖 번뇌망상 굴복하니[通玄一喝萬機伏]
말 이전에 한소식이 법륜을 전하도다[言前大機傳法輪]
삼라만상 한 손바닥에 밝았으니[法界長月一掌明]
이 도리는 만고에 다함이 없네[萬古光明長不滅].

‘하루 일하지 않으면 하루먹지 않는다’는 「백장 청규」마냥 천자암에도 운력(雲力: 노동수행)은 생활 자체이다.

암자에 딸린 채마밭은 물론 차밭과 감자밭에서 대중들은 잠시도 쉬지 못한다. 활안 스님은 마치 조계산 호랑이와 같다. 일을 할 때도 용맹정진하듯 밀어붙여 보통사람의 2~3배를 한다.

며칠전 감자밭에서 크기에 따라 감자를 골라 담는 대중들에게 벼락같은 불호령이 떨어졌다.

"하루 해가 다 가는데 빨리 주워 담지 않고 일일이 세고 있느냐."

대중들은 앞뒤 가리지 않고 해떨어지기 전에 일을 마쳤다. 다음날 하루 종일 비가 내렸다. 대중 가운데 활안 스님만 그 소식을 알았던 것이다.

이번 하안거를 천자암에서 나고 있는 고옹 스님이 들려준 사형 활안 스님에 대한 이야기는 큰스님을 간접적으로 이해하는데 도움이 되었다.

"50년전, 오대산 상원사와 북대에서 함께 살았습니다. '성불'을 위해 기도와 수행으로 초지일관하던 모습이 생생합니다. 그때 스님의 구도열을 지켜보면서 저뿐 아니라 함께 정진하던 도반들이 흩어져가던 공부를 바로잡곤 했습니다."

고웅 스님은 "활안 스님과의 첫 만남에서 흐트러짐없는 수행력에 감복해 사형으로 모시게 됐다"고 회고하고 "큰스님은 그때나 지금이나 수행에 있어 한치도 변함없다"고 말했다.

고웅 스님은 "큰스님은 승속을 떠나 게으른 것은 용납하지 않고 그 자리에서 쫓아낸다"며 "천자암 생활은 한마디로 정진과 운력의 연속으로 그대로가 수행이다"고 소개했다.

고웅 스님의 설명대로 활안 스님의 정진은 세간에까지 유명하다. 세수 80이 넘은 노구에도 새벽 2시면 어김없이 일어나 도량석(道場釋: 새벽 예불을 하기 전에 도량을 청정하게 하기 위해 치르는 의식)을 손수 돌고 예불목탁까지 직접 잡는다. 새벽예불에는 만 생명을 위한 축원이 끝없이 이어진다. 이 땅의 유주무주 영가와 징용, 만리장성, 세계대전 희생자, 가스실에서 죽어간 유대인은 물론 미국 9.11희생영가 등등, 시공을 떠나 이들 영가를 위해 매일 천도재를 올리는 것이다.

특히 정초와 백중 때는 1주일간 하루 17시간씩 사분정진(四分精進)을 한다. 그것도 꼿꼿이 서서 목탁을 치며 하는 기도여서 함께 시작했던 젊은 스님들도 버텨내지 못하고 나가떨어지곤 한다.

"어느 정도 어른이 되면 문을 닫는 것이 오늘의 한국불교 현실입니다. 그렇지만 큰스님은 아무나 부담없이 친견할 수 있도록 문을 활짝 열어놓고 계십니다. 이것이 자비심 철철 넘치는 큰스님의 진정한 모습입니다."

천자암을 나설 때쯤 되자 다시금 스님이 아이들에게 인사말 삼아 한마디 건넨다.

"부처님을 존경하면 너희들도 부처님을 닮아 가게 된단다. 이것이 생활 속에서 하는 공부야. 학교에서 하는 공부가 세상 살아가는 법을 배우듯이, 부처님을 존경하고 따르면 부처님의 지혜와 복덕이 자기한테 오기 마련이야. 그렇게 공부해라."

현대불교신문, 2004년 9월 20일, 이준엽 기자

마음밭 갈아 생명 싹 틔울거야

조계산 천자암 조실 활안(活眼) 스님이 100일 정진중이
란 소식을 들었다. 친견하고 싶었다. 멀찌감치에서나마 큰
스님의 정진을 훔쳐보고 싶었다. 혹여 세속에 살면서 얼키
고설킨 인연줄의 *끄*트머리를 잡을 수 있지 않을까 하는 마
음이 앞섰다.

천자암 스님의 가행정진(加行精進: 일정한 기간을 정해
평상시보다 한층 힘을 내어 수행하는 것)은 익히 들었던
바이다. 80이 넘은 노구에도 새벽 도량석은 물론 손수 밭
일과 수행을 병행한다. 스님의 눈푸른 수좌와 같은 기운은
초발심 그대로여서 함께 공부하던 이들이 며칠을 남아나
지 못한다. 스님따라 일하고 공부하기가 여간 힘들지 않기
때문이다. 평상시에도 그러할진데 100일 정진이 가히 짐
작이 되었다.

서둘렀던 길이건만 밤이 되어서야 천자암(天子庵)에 올
랐다. 하늘 사람이 사는 곳이어서인지 유난히 별들이 총총
하고 가까웠다.

스님의 주석처인 '염화조실'에서도 불빛이 새어 나왔다.

저녁 정진을 마치고 기도객들과 법담을 나누던 중이었다.

"무슨 물건이 와서 이렇게 대하는가?"
"……"
어물어물하는데 스님이 또 묻는다.
"몇 걸음에 왔는가?"
"한걸음에 왔습니다."
혹여 말씀이 중단될까봐 사진기자가 즉각 답하자, 스님은 '아니다'며 잘라 말한다.
"한걸음도 의미가 없다. 모자라야 한걸음이지."
인사를 겸한 청법(請法) 삼배가 끝나기도 전에 졸지에 몇 방 얻어맞았다.
"부처보다 그 이상을 말하지 못하면 귀신이지. 네 놈같은 이가 바로 아는데는 귀신이고 뒷처리하는데 등신이야."

스님은 알듯 모를듯, 한마디 한마디를 하고선 무어가 좋은지 마냥 웃어제긴다. 박장대소(拍掌大笑: 손벽을 치며 깔깔거리고 웃음)하는 한산(寒山: 중국 당나라 때 풍간 선사의 제자), 습득(拾得: 한산과 함께 국청사에서 노닐던 도인)을 보는듯 하다. 스님은 장난끼 철철 넘치는 어린아이 그대로였다.

고양이 앞의 쥐가 되어 쩔쩔 맸지만 '공부하는데 게으르지 말라'며 질타하시는 스님이 싫지 않았다. 그날 밤늦도록 그렇게 얻어맞다가 스님방에서 물러났다.

스님은 1926년 병인(丙寅) 생이다. 20대에 출가하여 지금까지 수행자 본분을 지키는데 한 치 흐트러짐 없이 살았다. 50여년전, 오대산 북대에서 정진하면서 본인뿐 아니라 타인에게도 '게으름'에 있어서는 단호했다. 그 모양이 어찌나 무섭던지 호랑이띠인 스님은 자연스럽게 '오대산 호랑이'로 불렸다.

조계산에 주석하면서도 마찬가지다. '조계산 호랑이'가 된지 어느덧 30년이 넘었건만 새벽 도량석 목탁을 놓지 않는다.

스님의 100일 정진은 그 자체만으로도 특별함이 있다. 정진중에는 산문밖은 물론이고 방문밖도 나서지 않는다. 방안에서 손수 공양하고 정진한다. 법당에서보다 더 많은 시간을 보내는 밭일도 정진기간에는 중단된다.

스님의 백일정진 발원은 '안정'이다. 주로 나라와 종단의 안정을 기원한다. 더불어 유주무주 고혼(孤魂: 외로운 영혼) 천도도 빠지지 않는다. 그러기에 사회가 시끄럽고, 도량이 어수선하면 스님은 어김없이 백일정진에 들어간다.

　다음날 새벽 2시, 어김없이 도량석 목탁이 울렸다. 새벽정진은 5시30분까지 계속됐다. 10여명의 기도객이 함께 했다. 독경, 정근, 축원으로 진행되는 동안 스님은 한자리에 꼿꼿하게 서서 정진을 이끌었다.

　이러한 스님의 정진은 오전 8~10시, 오후 2~4시, 저녁 6시30분 예불까지 네 번에 걸쳐 진행된다.

　정진이 간절하면 초인이 되는가보다. 1시간만 독경해도 목이 쉴듯 하건만 한번 시작한 정근은 끊이지 않는다.

　이번 100일 정진은 4월 10일 회향한다.

　정진을 마치고 법당문을 나서는 스님앞에 버티고 섰다.

　여쭙고 싶은 말은 많지만, 평생 흐트러짐 없이 살아온 수행자의 본분이 궁금했다.

　"사람에게는 먼저 할 일과 나중에 할 일이 있어, 심성 밝히는 일이 먼저 할 일이지. 그래서 출가했어. 이제껏 실수

없이 걸어왔다고 하면 거짓말이지. 행복이나 사랑이 싫다는 것도 그렇고. 연애하자는 꼬드김도 받았어. 그러나 먼저 할 일이 아닌 바에 두 가지를 동시에 할 수는 없는 거야. 항상 이것이 기준이 되었지. 이제는 천 번 만 번 실패해도 끄달리지 않아."

"인과에 떨어지기보다 매이지 않는다"는 백장 선사의 '할' 처럼 "인연에 끄달리지 않는다"는 스님의 가르침이 가슴을 울린다.

"이제 봄입니다. 새벽엔 춥더니 해가 뜨니 따사롭네요."

"그것이 생명 재롱떠는 소리이지."

"올해는 어떤 농사를 지으시렵니까?"

"심전(心田: 마음밭)을 갈아야지. 마음밭을 갈아 생명 싹을 틔울거야."

스님의 마음밭. 조계산 꼭대기에서 가을 바람이 내려올 때쯤 풍성한 수확의 기쁨을 보여 주시리라.

활안 스님이 조계산 천자암에서 발걸음을 멈췄던 때가 1974년, 이후 이곳에서 30여년을 한결같이 '낮에 일하고 밤에 공부하는 정진' 으로 일관하고 있다. 당시 오두막 한

채가 전부였던 천자암도 세월이 흘러 격을 갖춘 법당과 선원이 들어섰다. 법왕루, 종각, 나한전, 산신각과 요사채가 들어서 풍채 당당한 가람으로 거듭났다. 그래도 변하지 않은 것이 있다면 쌍향수(천연기념물 88호)와 스님의 정진뿐이다. 스님은 매년 1~2차례 특별정진을 하고 있다. 그동안 특별정진만 100여 차례를 넘게 해 왔다.

스님은 1926년 전남 담양 용연리에서 6남 1녀중 막내로 태어났다. 부모를 일찍 여의고 1945년 광복되던 해 순창 순평사에서 효봉 스님의 은사인 석두 스님 밑에서 행자생활을 했다. 당시는 총체적 혼란기여서 뒤늦게 1953년 월산 스님을 은사로 승적에 올렸다. 이후 수덕사 법주사 불국사 상원사 칠불암 등 제방선원에서 40안거를 성만했다.

현대불교신문, 2006년 4월 2일, 이준엽 기자

숨 들이쉬기 전의 일을 알아야지

찾아가는 길부터 만만치 않았다. 평생 세 번 가면 많이 간다던 송광사에서 30여리 떨어진 천자암은 도로는 놓였 지만 너무 가팔라 오르기 힘들었다. 한 달 가까이 기승을 부리던 무더위가 한풀 꺾인데다 나무가 우거져 짙은 그늘 이 드리운 길을 걸어가는데도 옷은 땀으로 흠뻑 젖었다. 천자암 가는 길은 그렇게 시간은 짧지만 강도는 높은 험로 (險路)였다.

모기도 입이 비뚤어진다는 처서(處暑)인 지난 23일. 오 후 세 시를 넘긴 산사는 벌써 그림자가 찾아오고 있었지만 활안 스님을 친견하는 객(客)스님은 떠날 줄을 몰랐다. 오 히려 대화는 점입가경(漸入佳境)이었다. 처음에는 조용 조용 들리던 말소리가 점점 커지더니 웃음소리까지 퍼졌 다. 하안거 결제를 마치고 한여름 공부 점검 하러온 수좌 (首座: 참선 수행승)인 듯 했다.

땀이 식은지는 오래고 좁은 천자암 구경도 벌써 끝냈다. 시간은 네 시를 넘기고 있었다. '두시간 인터뷰에 사진 촬 영까지' 얼추 헤아려도 저녁은 이곳에서 신세를 져야할

듯 싶었다. '까다롭다'는 정보(?)를 입수한지라 질문지도 만만치 않게 준비했던 터. 이왕 늦은 김에 많은 기사거리를 담아가기로 느긋하게 마음을 먹었다. 드디어 스님이 걸망을 들고 객실로 들어갔다.

스님은 앞서 인사를 드릴 때 처음 본 기자에게 따뜻한 말로 "손 한번 잡아보자"며 환대했었다. 부드러운 미소와 따뜻한 손길에 '속았다'는 것을 기자는 곧바로 깨달았다. 그리고 준비 없이 편안하게 보낸 한 시간을 후회하고 또 후회했다.

인사는 이미 마친 까닭에 스님은 곧바로 본론으로 들어갔다.

"임무를 띠고 왔나, 그냥 왔나?"

"임무를 띠고 왔습니다."

"무슨 임무."

"큰스님께 좋은 말씀 많이 듣고 오라는 임무입니다."

그러자 스님은 '말씀'을 하셨다.

"한반도가 지금 어려운 시기인데 잘 풀려야 한다. 잘못하면 먹지도 못하고 수포로 돌아간다. 투쟁이 필요 없는 상태로 바꾸어야지. 각국의 국제정치를 보더라도 힘은 남아도는데 정신력은 땅에 떨어져 있어. 이를 바꿔줄 만한 그런 인물이 없어. 한반도에 운이 온 것은 사실인데 잘못하면 상처만 받고….”

열심히 받아적다 보니 이상했다. ‘이게 아닙니다’ 라는 마음을 담아 스님을 바라보았다. 뒤이어 짧지만 힘든 인터뷰(?)가 시작됐다.

“기자의 나이가 몇 인고.”

답을 하자 스님은 “잊은 줄 알았는데.” 하셨다.

기자가 멍한 표정으로 쳐다보자 스님은 다시 “말도 못 알아 먹으면서 먼 말을 하려고 왔나?” 하셨다.

정신이 번쩍 들어야 할텐데 오히려 멍해졌다. 대답을 잘 못 한 것인가. 나이가 몇이냐고 물어 대답을 했을 뿐인데, 스님은 말귀를 못알아 듣는다고 혼을 냈다. 이럴 때는 모르는 것은 모른다고 솔직하게 말하는 것이 최상이다. 적어도 더 망신을 사지는 않을 것이다.

“스님 무슨 말씀인지 모르겠습니다.”

발길질 한방에 나가 떨어져 정신이 반쯤 나간 토끼를 앞

에 둔 호랑이처럼 스님은 한껏 여유로웠다. 입가에 번지는
엷은 웃음이 그것을 말해주었다. 차라리 마음껏 웃으면 좋
을텐데 스님은 그러면서도 엄숙함을 풀지 않았다.

 "숨을 들이쉬기 전 일이지."

 스님의 작은 방에 앉은 기자는 숨조차 크게 쉴 수가 없
었다. 또다시 멍하게 바라보는 기자를 향해 스님이 "질문
할 것 없으면 다 끝났지?"하는 말에 정신이 번쩍 들었다.
 서로 다른 말을 해도 할 수 없었다. 적어도 준비한 내용
은 물어야 '임무'를 완수하는 것은 물론 이렇게 속절없이
당한 것이 억울하지는 않을 것 같았다.

 "스님, 일을 많이 하신다고 들었습니다. 일이 왜 수행입
니까?"
 처음에 적어놓은 질문의 핵심은 이게 아니었는데 앞 뒤
말이 얽혀버렸다.
 "풀은 지가 스스로 나고 가물면 없어져. 스스로 선택하
는 것이지 내가 하고 말고가 어디 있어?"

스님이 무슨 말씀을 하시든 적혀있는대로 또 읽었다.

"스님 하루는 어떻게 보내십니까?"

"하루는 보내는 것이 아니야. 태양만 왔다 갔다 하지 내가 보내고 말고 하나."

이제 어느정도 적응이 된 기자도 꿋꿋이 '임무'를 이어갔다.

"스님의 수행력은 익히 들었습니다. 최근에도 100일 정진을 하셨다고요."

"그 놈이 왔다 갔다 했지 내가 왔나."

이제는 질문지에 없던 질문도 할 수 있을 정도가 됐다.

"그놈은 누구를 말하는 것입니까."

"왔다 갔다 한 그 100일을 말하는 거지."

기자는 이제 속에 있는 말도 털어놓기 시작했다.

"몇 가지 질문을 준비해 왔는데 모두 뒤죽박죽 되었습니다."

스님은 웃으며 말했다.

"그놈만 가지고도 니 재주껏 만들어봐."

기자는 드디어 반항하는 '경지'까지 이르렀다.

"부처님은 쉽게 말씀하셨는데 선사스님들께서는 왜 그렇게 어렵게 말씀하십니까."

이때부터 스님의 말씀이 길어지고 설명조가 되었다.

"부처님 말씀과 선사들의 이야기가 내용이 다른 것이 아니고 방식이 다를 뿐이지. 부처님이 직접 설하신 '아함(阿含: 부처님의 초기 설법)'은 기초이고 방등(方等: 대승 경전을 총칭)은 방식이지. 여기서 반야의 지혜가 나오고 지혜의 경지가 다해야 돈법(頓法: 단박 깨닫는 법)이 생긴다. 돈법이 일망타진 되어야 전체 원상(圓相: 둥근 원의 모양)이 나온다. 자연은 제공권이 있고 생명은 결정권이 있다. 이 세상은 하자가 발붙일 곳이 없다. 생명이 주관이기 때문이다.

생명이 시작되는 밝은 요놈을 분석하면 마음이고, 마음을 분석하면 근거가 없다. 마음은 천지 자연을 생산하는 원인이 되고 사람의 주인이다. 마음은 천지 자연을 만드는 원인이다. 그것은 시간과 공간이 이루어지기 전이다. 마음은 근거가 없고 사실 무근이라고 한다. 요놈이 잠깐 의지해서 빛을 낸다. 이 몸이 그릇이 확실하면 마음이 빛이 난다. 누가 죄를 주고 하는 것이 아니라 스스로 태어난다."

스님은 밝아야 한다는 것을 끝없이 강조했다. 끝까지 용기를 내어 스님에게 재차 삼차 물었다.

"그냥 잘 살면 안됩니까. 꼭 깨쳐야 합니까?"

"어느 생명이든 초점이고 핵심이다."

선택이 아니라 당위라는 말이었다.

스님의 말을 정확하게 알 수는 없었지만 그 뜻은 어렴풋이 읽을 수 있을 듯 했다. 마치 알겠다는 듯 고개를 끄덕이는데, "니는 지금 현재는 등신이다. 니 것은 하나도 없다. 그 놈만 끌고 가거라" 하신다.

꿋꿋이 묻는 것이 딱한지 "입은 끝없이 터졌는데 소갈머리가 없으니 어쩌랴"하며 한마디 더 곁들였다.

"산 밑에 가서도 붙잡고 있을 말씀 한마디만 해주시죠."

"사는 법만 알면 돼."

불교신문, 2006년 8월 27일, 박부영 기자

시공을 뛰어넘고
생멸을 다스리는 밝은 마음

"사람은 언제나 바른 생각을 가질 줄 알아야 한다. 마음이 중심이 선 사람은 언제 어디서나 밝다. 밝은 데서는 빛을 더욱 발하고 어두운 곳에서는 빛을 보충해 준다. 밝은 데서도 어두운 곳에서도 끄달리지 않고 밝고 어두운 것을 다 다스릴 줄 알아야 한다. 마음에 중심이 없으면 자기는 없고 다 남의 것이 되고 만다."

조계사 마당 향기로운 소나무 숲으로 봄 햇살이 유난히 오래 머물다 가는 늦은 오후, 그리운 남도의 봄소식을 가득 안고 온 조계산 천자암 조실 활안큰스님을 만나 뵈었다. 천자암에는 새벽 2시에 도량석이 시작되어 3시 예불, 4시부터 5시 30분까지는 6.25나 광주 5.18, 2차 대전 때 학살당한 유태인 등 재앙으로 목숨을 잃은 원혼들을 위한 천도재를, 언제나 큰스님께서 직접 주도하고 계신다.

활안 스님은 1926년 전남 담양에서 태어났다. 열세 살 때 부모를 여의고 목숨이 오가는 큰 병까지 앓아서 삶에 대한 의문이 남다르게 컸다. 스무 살까지는 신학에 몰입한 기독교 신자이기도 했는데 외숙모를 따라간 절에서 몇 달 동안 스님의 법문을 듣고는, 나고 죽는 이전의 나는 무엇인가를 화두로 삼고 발심하여(1946) 출가했다. 그러다 1953년 월산스님을 은사로 1958년 자운스님의 계사로 비구계를 수지했다. 이후 상원사 청량선원, 칠불암, 범어사, 용화사 제방선원에서 40안거를 성만했으며 지금은 조계산 송광사 천자암 조실로 계신다.

오랜만에 올라온 서울 나들이가 즐겁다는 큰스님께 예를 올리고 따뜻한 차(茶) 한잔과 함께 다담의 시간을 가졌다. 서릿발 같이 엄하시다고 들리는 말과는 달리, 호탕한 웃음과 농담으로 조심스러운 분위기를 화기애애하게 이끄는 자상함을 보여 주셨다.

요즘 텔레비전에 자주 오르내리는 불안 한 뉴스들을 염려 하는 것일까. 큰스님께서는 "앞으로의 우리 불교가 국제 정세의 판도를 바꿀 것이다. 전 세계를 관장하는 지도자의 마음을 바꿀 것이다"라는 말씀을 먼저 하셨다. 사람이 살아가는 데는 여러 가지 힘든 장애가 많은데 이를 잘 극복하기 위해서는 어떻게 하면 좋겠습니까 여쭈니 "먼저 스스로 본래 마음을 알고, 스스로 본래 성품을 볼 줄 알아야 한다. 마음은 형상이 아니기 때문에 육안으로 감당하기 어렵다. 자기 성품의 심지(心地)를 지혜로써 관조(觀照)하여 천지자연을 결정하는데 마음이 주인이 되어야 한다"고 하셨다.

조계사에서 올해를 수행원년으로 정해놓고 여러 가지 프로그램을 진행하고 기도를 하고 있는데 어떻게 생각하시느냐는 질문에 "어떤 수행이든 현실에 맞게 하면 된다, 외형과 내형이 한치도 착오가 없도록 과정 하나하나가 실수가 없도록 뒤처리를 잘 해야" 함을 강조하셨다. 바쁜 도시생활에서는 경전공부나 백일기도가 잘 되지 않는데 나름대로 어떻게 정해 놓고 하면 좋습니까 물으니 "기도나 공부를 처음 시작할 때 설계를 정확하게 분명이 하고 마음의 계산을 뛰어 넘어야 한다. 연잎이 아무리 흙 속에 있어도 때가 묻지 않듯이 어떠한 기도를 시작하든 상대방에게 피해를 주지 않고 자기 현실에 맞도록 해야 한다. 마음은 대우주다. 뜻을 크게 가지고 원력을 대단하게 가지고 어떤 일이든지 일이 끝났을 때는 때가 묻어 있지 않아야 한다. 또 지나치게 공식을 정해 놓고 기도를 할 경우 장애를 받게 마련이다. 정확한 목표를 세워 놓고 열심히 정진하다보면 비로소 마음이 밝아지고 시간과 공간을 뛰어넘어 생도 멸도 다스려진다"는 지혜로운 가르침을 주셨다.

큰스님께서는 평생을 참선과 기도로 살아 오셨지만 나이 먹었다고 수행자의 일을 놓아 본적이 없으시다. 출가한지 50년이 되었지만 처음 출가할 때의 마음을 언제나 생각하며 사신다. 나무들이 나무 자체의 힘과 땅의 힘이 융합되어 그 힘으로 뿌리가 나고 싹이 나오듯 우리들 타고난 마음자리가 밝아지는 것이 행복의 길이므로 언제나 목표를 분명하게 세우는 것이 중요하다는 것이다. 개구즉착(開口卽錯), 입을 열어 혀를 놀림을 경계하고 지혜로써 나를 관하여 마음자리를 찾아 거짓에 속지 않는 사람이 되고 어떤 일이든지 뒤처리를 명확하게 잘 해야 함을 몇 번이나 다짐 하시는 큰스님 곁에서 밤이 깊도록 마음 가득 법문을 담았다.

짧은 여정인데도 큰스님께서는 시간을 내어 한국불교역사문화기념관을 돌아보셨다. 총무원장 집무실을 방문한 자리에서 종단발전을 위해 고생한다는 격려의 말과 함께 건립불사 기금으로 천만원을 아낌없이 보시하셨다. 종단의 발전을 위해 노력하는데 내가 조그마한 도움이 됐으면 한다며 많은 종도들이 나서서 원력불사에 힘을 보탰으면 한다는 당부까지 했다. 큰스님의 자비의 동참금은 종단 원력불사 모두에게 크게 힘이 되었다.

된장찌개 맛있게 끓여놓고 기다릴 테니 천자암에 한번 놀러 오라고 하시는 큰스님께 안녕히 주무시라는 말을 남기고 나왔다. 서울 도심 속에서 큰스님과의 만남은 더욱 감회가 깊어 단비에 젖는 풀잎처럼 지극한 마음자리 가득 풋풋한 봄 향기가 넘쳤다.

조계사보, 2004년 4월호, 도림 스님 대담(안연춘 정리)

한 생각 돌리면 자성청정(自性淸淨)

　가파른 산길을 숨이 차고 목이 마르도록 오른 끝에 천자암에 도착했다. 천자암은 조계산의 여러 암자 가운데 송광사에서 가장 외떨어진 곳.

　수곽(水廓: 물받이통)에서 목을 축인 뒤 고개를 드니 외로 꼬인 아름드리 향나무 두 그루가 우뚝 서있다. 수령 8백여년의 천연기념물 제88호 '곱향나무 쌍향수(雙香樹)'다. 고려때 보조국사 지눌이 중국 천자를 만나고 오는 길에 짚었던 지팡이를 땅에 꽂았더니 자라났다는 나무다. 이 유서깊은 암자에서 이 곳 조실이며 조계종 원로의원인 활안(活眼·75)스님을 만났다.

　노장(老長)의 처소인 염화조실(拈華祖室)에 들어서자 묵향이 그윽하다. 마침 선필(禪筆)을 쓰고 있던 탓이다. 선필을 마무리하고 다탁(茶卓) 앞에 앉은 노장에게 "방금 쓰시던 게 무슨 뜻이냐?"고 물었더니 대답이 엉뚱하다.

　"(종이와 글씨를 가리키며) 요거이(요것은) 흰 뜻이고 요거이 검은 뜻이여."

　입을 열면 본뜻을 그르치니 언어·문자에 매이지 말라

는 의미일까.

딱 부러지게 감을 잡지 못한 채 뜨악한 표정을 짓고 있는데 금세 할(喝: 꾸짖는 소리)이 날아온다.

"너는 어째 직설(直說: 바른 말)은 모르고 가설(假說: 거짓 말)만 좋아하냐?"

그래도 뜻을 몰라 다시 물으니 돌아온 대답은 몽둥이에 가깝다.

"야, 이 거지야. 이런 것도 모르는 주제에 뭘 들으러 왔어. 그냥 좋은 공기나 쐬고 가."

법문을 청하기도 전에 은산철벽(銀山鐵壁)에 부딪힌 느낌이다.

서울에서 불원천리(不遠千里) 찾아온 노력이 허사가 될 판이다.

이쪽의 난감함을 읽은 것일까, 잠시 갑갑한 침묵이 흐른 뒤 노장은

"그래 점심은 묵었냐?"

며 짙은 남도 사투리로 말문을 연다.

"지혜와 복은 종교나 천지자연이 주는 것이 아녀. 각자 생명이 타고난 성품을 밝게 하면 태양보다도 밝은 대우주

의 무한한 지혜를 얻게 되지. 각자 생명이 그런 원리를 다 타고 났어. 따라서 짧은 한 생(生)에 할 일 중에 선후가 있으니 한 생각의 판도, 즉 타고난 성품을 밝게 바꿔 놓는 것이 먼저여."

노장은 이것을 목표로 오늘까지 살아왔다고 했다.

그래서 그 타고난 성품을 바꿔놓았느냐고 물었더니 대답은 또다시 할이다.

"네 놈은 바꿨다 해도 못알아 듣고 바꾸지 않았다 해도 못 알아 들어. 하나 하나 말, 표정에 다 나타나는데 기다(그렇다) 해도 못알아 듣고 아니다 해도 못알아 듣고 그래. 여기서 욕이나 얻어먹고 가."

역시 선사는 스스로 깨쳤다고 말하지 않는다.

다만 말 이전의 가르침으로 보일 뿐. 활안 스님은 스무 살 때인 1946년 월정사로 출가해 월산 스님(1912~1997 · 전 불국사 조실)을 은사로 수행자의 길에 들어섰다.

'나고 죽는 일 이전의 나는 이 무엇인고(生滅未生前 是甚麼)'를 화두로 안거에 들기를 40차례. 상원사 청량선원을 비롯한 전국의 선원을 답파했고 광양 백운산에서 움막을 짓고 수행한 지 4년 만에 오도송을 읊었다.

통현일할만기복(通玄一喝萬機伏: 진리에 통하는 한 번의 할에 모든 사람이 엎드리니)

언전대기전법륜(言前大機傳法輪: 말 이전의 커다란 움직임이 법륜을 전하네)

법계장월일장명(法界長月一掌明: 법계를 비추는 달이 한 손바닥에 밝으니)

만고광명장불멸(萬古光明長不滅: 만고의 밝은 빛이 길이 빛나네)

지난 75년부터 천자암에서 후학들을 지도해온 노장은 추상같은 수행가풍으로 유명하다.

매일 새벽 2시면 일어나 도량석, 새벽예불, 주인 없는 혼령(무주고혼)들을 위한 천도기도로 하루를 시작한다.

날이 밝으면 밭일 등의 운력에도 빠지지 않는다.

요즘도 직접 밭일을 하시느냐고 물었더니 노장은

"차라리 요새도 밥 먹느냐고 묻지 그러나?"

고 했다.

특히 천자암에 온 이후 매년 1백일간 방문을 잠그고 수행하는 '폐관(閉關)정진'은 뭇 선객들의 귀감이다.

"행복해지려면 타고난 성품이 단번에 다 밝아져야 해. 마음도, 보고 듣는 것도 밝아지면 시비할 것도 없고 내가 천지생명을 창조하고 관리하는 주인이 돼. 어떻게 해야 밝아지느냐, 그건 마음에 달렸지. 견성대각(見性大覺)을 해야지"

노장은 "한 생각을 돌리면 자성청정(自性淸淨)으로 탈바꿈한다" 면서 "견성도 자기가 마음 정한대로 따라가는 것"이라고 했다.

산봉우리에 오르려면 고개를 넘고 내를 건너는 다리품을 팔아야 하고, 깨달음을 구한다면 뼈에 사무치고 오장육부를 찌르는 대(大)의심으로 화두를 챙기라는 것이다.

"세간이나 출세간이나 마음과 노력이 균형을 이뤄야 빛이 나. 생각만하고 노력하지 않으면 사기꾼이야. 계약만 해놓고 실행하지 않는 것과 똑같지. 국민들의 병이 다 거기에 있어. 호랑이는 무서운데 가죽은 탐나는 꼴이지."

노장은 "상대방한테는 속아도 '나' 한테는 속지 말라"고 했다.

희망도, 고통도, 행복도 원인은 나에게 있으니 자성(自性)을 밝히라는 당부다.

조계산을 내려오는 길, 단풍으로 물들어가는 천지 자연은 이미 자성 그대로였다.

한국경제신문, 2001년 10월 18일, 서화동 기자

일체중생에 회향해야 바른 도(道)

　1월 한파가 조계산을 감돈다. 능선을 넘어 1시간여의 발품을 팔아 도착한 천자암. 뉘엇뉘엇 해가 서편에 걸리고 한두방울 흩날리는 눈발이 방문객을 맞는다. 서릿발같은 정진력으로 이곳 암자에서 25년동안 수행해온 활안(活眼) 스님(74)을 만나러 온 조계산의 날씨는 스님의 수행 가풍처럼 매섭다.

　14세에 출가해 60년 넘게 오직 선방과 토굴에서 수행해온 스님은 53년 선풍도골이었던 월산스님을 은사로 득도한 후 상원사 청량선원, 칠불암, 범어사, 용화사등 제방선방에서 정진했다. 특히 천자암 염화조실에서 외부로부터 벽을 차단하고 1백일간 13회에 걸친 폐관정진(閉關精進) 신화는 제방선원의 선객들로부터 귀감을 사고 있다.

　스님은 지난해 12월 조계종원로의원으로 선출된 이후 언론사로는 최초로 본지와의 인터뷰를 수락, 폐관정진한 장소인 염화실에서 2시간여동안 법문을 열었다.

　"통현일할만기복(通玄一喝萬機伏), 언전대기전법륜(言前大機傳法輪) 법계장명일장명(法界長明一掌明) 만고광명장불멸(萬古光明長不滅) / 진리를 통하여 한번 할을 하니 모든 기틀이 굴복하고, 말 이전의 큰 기틀이 법륜을 전하네. 법계의 길고 밝음도 한 손바닥 안에서 밝은 것이니, 만고의 광명이 길이 멸하지 않네."

스님은 맨 처음 자신의 오도게송(悟道偈頌)으로 법문을 열었다.

"며칠전 화엄사조실을 지내셨던 월인 스님이 입적했을 때 자리에 참석해서 한마디 했지. 시방삼세 아라한과에 종사하는 성현들에게 전하는 답이 된다면 월인 스님에 선물이 된다고 했지."

당대의 대선사답게 거침없이 흘러나오는 선기(禪氣)에 주변이 잔뜩 주눅이 들어버린다. 여기에 아랑곳하지 않고 더욱 활발발(活潑潑: 물에서 고기가 뛰노는 것처럼 활달한 모습)한 목소리로 물 흐르는 듯한 법문을 잇는다.

"우리가 평생 해야 할 일은 타고난 지혜문을 활짝 열거나, 타고난 천진지혜를 시공을 초월해 천지자연에 의존하지 말고 일체중생에 회향해야 종단에도 보답하는 길이 되지. 이렇게 되면 자신에 속지 않고 상대방의 지도에도 속지 않지. 나무가 불을 만나면 불로 바뀌지 않나. 부처님 공부도 이것처럼 천지자성이 열려야 하거든."

이러한 도는 천지 이전에 시작된 것도 아니요 천지가 끝나도 마칠 수가 없는 것이라고 했다. 진리는 원래 그 자리에 있어 시공을 초월한 곳에 존재하고 있음을 암시하는 대목이었다.

이러한 진리를 터득한 법신의 경지에 이르러서는 눈밝은 스승을 만나서 검증을 받아야 한다고 했다. 그러면서 스님은 구산, 전강, 향곡스님문하에서 공부했던 시절을 음미하며 법거량했던 일화를 들려주었다.

"향곡스님이 나를 비롯한 수좌들을 모아 놓고 백지를 돌리며 한마디 이르라고 하더군. 그래서 나는 한손으로 내치면서 '몰양대인 작심허(沒量大人 作心虛: 우주를 다한 대인이 마음비움을 지었다)'"라는 질문을 던지며 거량을 하기도 했지"

스님은 수행자는 항상 초심의 경계를 풀어놓지 말아야 할 것을 강조했다. 아무리 높은 수행의 경지에 이르더라도 거기에 머물러 버리면 경계에서 멀어지는 결과를 낳는다고 경책했다.

"석가모니 경계에 가더라도 초심을 가져야 해. 그것이 다라고 생각하면 부처 자격 없어."

업식의 인연으로 태어난 우리 인간과 중생은 성불을 할 수 있는 무한한 생명력을 구비하고 있음을 강조한 스님은 이를 위해 확실한 자기개념을 세워 부단히 정진해야 함을 역설했다.

"유정이든 무정물이든 그가 생명체라면 생명이 시작할 때 일체중생은 영원한 성불의 천진지혜와 역량을 모체로 연결하고 태어났거든. 이 도리를 스님들도 몰라 헤메지. 나는 내 식으로 반드시 해결해 나가야 하겠다는 마음으로 살아 가야 해."

그렇다면 왜 이처럼 성불하기 위해 수행을 해야 하는가. 여기에 대해서도 스님은 명쾌한 해답을 제시해 주었다.

"도 닦는 것은 영원히 행복하려고 하기 위함이야. 모든 종교인들은 견성(見性) 대각(大覺)이라는 말을 좋아하기는 하는데 거리감 두고 좋아해. 실무에 이르러서는 자기화하지 않고 객관화시켜 버려. 잘 살펴 보면 태어 나는 법도 없고 죽는 법도 없어. 태어나는 법은 식에 맞아 떨어져야 접목이 되는 거야. 식에 도달하면 자기가 지은데로 태어나지. 그래서 나는 법도 없어. 죽는 법도 그래. 인연이 다해야 장막이 바뀌지. 견성도 그래. 이(理)와 사(事)가 하나로 일단락(一體)이 되어야 한단 말이야."

이러한 경계를 얻으면 수행하면서도 상대방에게 말려들지 않고 사리에 확실할 수 있는 성성(惺惺: 또렷또렷)한 경지에서 살아갈 수 있다고 했다. 거침없이 견성의 도리를 일러주던 스님은 예불시간이 가까워지자 대웅전과 나한전에서 기도를 위해 염화실에서 일어났다.

예불을 마치고 다시 법좌에 좌정한 스님은 수행당시 어려웠던 일을 회고했다. 37, 38세때 광양 백운산에 있을 때라고 했다. 사찰명은 그냥 고봉정사(高峰精舍, 높은 봉우리의 사찰이란 뜻으로 말함)라고만 밝혔다.

"한번은 겨울을 나려고 나무를 했는데 해가 석양에 걸렸는데 낫이 나무에 걸렸는데 손가락이 찢어져서 처소로 들어와 응급처치를 하는데 피가 방바닥에 흥건히 흘렀어.

누군가 있었으면 이 고생 안하겠지 하고 자탄했지. 그리고 간단하게 공양하고 입선(入禪)에 들었는데 키가 9척이나 되는 노스님이 팔베개를 하며 '너만 외롭냐. 과거 제불성현은 피골이 상접하도록 노력을 했고 현재 미래 제불성현도 실천에 가서는 그런 것이여' 하면서 등을 쓰다듬는 순간 잠에 깨었지. 그래서 부처님전에 바른 깨침을 얻어 중생을 제도하도록 해 달라고 기도했어."

피나는 수행이 병행되어야만 제불보살을 만날 수 있다고 강조하는 스님은 수행에 게을러서는 안된다고 경책했다.

이와함께 속진(俗塵)에서 중생심으로 살아가는 현대인에게도 삶을 살아가는 지혜를 터득해야 함을 지적했다.

"박사학위 10개 있어도 최종목표에 이르는 눈(시각)이 정립되지 않으면 안돼. 비록 한때의 장막을 처리 못하는 빛이라도 중심을 바로 세우면 그 사람은 지혜의 문을 열거나 타고난 마음자리를 열어 일체중생에게 보답할 수 있는 자기완성을 할 수 있지"

스님은 개오(開悟)의 경지를 일갈(一喝)한 게송으로 법문을 닫았다.

타파주장일진산(打破柱杖一麐山)
삼세불조실비공(三世佛祖失鼻孔)
약인돈현유전신(若人頓見有轉身)
백초두상무변춘(百草頭上無邊春)

조계산에 천자암을 짓고 수도하던 보조국사가 중국에서 돌아올 때 짚고 온 지팡이를 나란히 꽂아 놓은 것이 뿌리가 내려 자랐다고 전해지는 쌍향수가 염화실을 들여다 보듯이 높게 서있고, 그 아래에서 살아있는 눈을 가진 선사(活眼)가 시공을 초월해 법을 전하고 있었다.

불교신문, 2002년 2월 15일, 여태동 기자

마음 중심에 밝은 기둥 세워야 해

봄을 부르는 3월의 햇살이 얼었던 땅을 녹이고 있다. 물기를 가득 머금은 대지를 뚫고 푸른 생명이 얼굴을 내민다. 생명을 탄생시키는 봄 햇살이 너무도 황홀해 가만히 앉아 '부모미생전(父母未生前: 부모로부터 태어나기 전의 본래면목은 무엇인가)'의 도리를 생각해본다. 부처를 찾아 다니는 것이 부처인지, 부처를 이미 이룬 사람이 부처인지, 아니면 모두가 부처인지 궁금해진다.

선지식(善知識)을 찾아가는 길은 은산철벽(銀山鐵壁) 같다. 부처를 찾아 떠난 오랜 순례객 처럼 무거운 화두를 등짐에 졌기 때문이다. 활안 스님이 머물고 있는 천자암(天子庵)에 아직도 겨울 잔풍이 남아 있었다.

"너는 부처의 길을 갈 것이냐 중생의 길을 갈 것이냐. 한번 일러보아라. 아무 말도 하지 않을 것이면 차나 한잔 하고 가."

"…"

"거지야(활안 스님이 말하는 거지는 바로 무사인(無事

人: 일없이 한가한 사람)을 뜻한다). 차나 한 잔 하고 가."

축객(逐客: 손님을 쫓아냄)이나 다름없는 할이 비수로
꽂힌다. 부처와 중생의 경계를 그토록 참구했건만 활안 스
님의 활구(活句: 깨달음의 한마디)에 아무 답도 할 수 없
었다. 아득한 절망속으로 빠져드는 느낌을 지울 수 없었
다. 염화실안에는 팽팽한 긴장과 침묵만이 흐르고 있었다.

문득 현사 선사의 말씀이 떠올랐다.

"장님에게는 쇠뭉치를 쥐고 털채를 세운들 보일 리가
없고 귀머거리에겐 입이 아프게 지껄여 봤자 들릴 리 없으
며 벙어리에겐 아무리 말을 하라고 한들 말할 리 없으니,
이런 사람들을 어떻게 교화시킬 수 있겠어".

중생들은 장님과 같고 귀머거리와 같고 벙어리와 같은
깊은 삼종병(三種病)에 걸려 있었다.

"마음의 중심에 밝은 기둥을 세워야 해. 그것이 바로 수
행이야. 우리가 모르는 것이 있지. 어느 생명이나 다 밝은
데서 태어나 밝은 데로 걸어간다는 사실이야. 니놈같이 한
마디를 안해도 거지요. 횡설수설해도 거지와 같은 도리지."

활안스님은 내심자증(內心自證: 내면에서 스스로 증명

함)을 통해 출신활로(出身活路: 속박에서 벗어나 사는 길) 열어보였다. 천둥 번개처럼 쏟아지는 할과 봉의 세례 속에서 중생과 부처의 차이는 미오(迷悟: 어리석음과 깨달음)에 있음을 확연히 알 수 있었다. 소리이전 문자이전의 진면목을 묵묵히 미소로 전할 수 있는 조용동시(照用同時: 비추고 씀을 동시에 한다. 자신의 실체에 철저한 데에서 경계를 수용하면 그 자체가 삼매이다) 안목이 아니고서는 도저히 풀수 없는 근원적 무지를 여지없이 노출시킬 수밖에 없었다.

"다 부처야. 다 부처니까. 다 성불했으니까. 아무도 참구하러 오지 않지. 그런 너는 무엇이냐. 부처냐 중생이냐."

"부처의 길을 가고 싶습니다."

"너 같은 놈은 밤새도록 무게를 달아봐야 한줌도 안돼. 틀렸어. 니놈처럼 횡설수설 하기도 힘들지. 얼릉 차나 한잔 하고 내려가 버려."

마음이 가난한 중생에게 감로수를 던져주려는 스님의 노력은 필사적이었다. 맑고 천진한 노안속에서 형형한 불빛이 맑고 깊게 뻗어나오고 있었다. 우주와 합일된 자아를 이미 확보한 스님은 진아(眞我: 참나)로 돌아가는 길을 제시하고 있었다.

"밝은 빛을 찾으려고 부동심을 세우면 그 사람은 지혜의 문을 열 수 있지. 자기 완성의 길은 바로 거기서부터 출발해야 해. 삼라만상은 성불할 수 있는 무한한 생명력을 구비하고 있음을 알아야 해. 반드시 자기식으로 해결해야 해. 그래야 견처에 도달할 수 있지."

한꺼풀 한꺼풀씩 미오를 벗겨내는 스님의 얼굴에는 원초적 천진의 미소가 피어오르고 있었다. 중생심은 그대로가 본래불(本來佛)이다. 그래서 선사들은 "똑똑히 볼때는 보이는 것이 없고 분명히 깨달을 때는 사실 깨달은 것이 없다"고 설파한 것이다. 생사(生死)의 거추장스러운 옷을 벗어버리고 해탈의 알몸으로 온 우주를 수용하는 것이다.

"도 닦은 이유는 간단해. 성성적적(惺惺寂寂: 또렷또렷하고 고요고요함)한 환희를 느낄 수 있는 영원한 행복을 위해서야. 그럴러면 자기식대로 부단히 정진해야해. 견성을 이루는 것은 객관적인 것이 아닌 철저한 자기본질적인 것이야. 그래서 견성자리를 이(理)와 사(事)가 일체가 되어야 된다고 하지. 나무가 불을 만나면 불로 바뀌는 이치와 같아."

오랜 수행은 마음속에 불필요한 번뇌를 없애버린다. 번뇌가 탈각된 수행자의 모습은 우주를 삼키는 사자 같고 흔들리는 바람 앞에서도 한없이 부드러운 유모(乳母)의 품 같다.

"니놈같이 횡설수설하기도 힘들어. 차나 한잔 하고 가버려" 하며 획돌아 앉아버린다. 죽어도 없어지지 않는 것이 법신(法身)이다. 그리고 그 법신은 부처보다 가난한 중생을 귀히 여기는 천진한 자성을 스님은 보여 주었다. 봄을 가득 머금은 3월의 고요가 뜰앞에 적멸하고 있었다. 마음의 뜨락이 비었다.

불교신문, 2002년 2월 15일, 이상균 기자

한 생각도 일으키지 않을 때

通玄一喝萬機伏 言前大機傳法輪

法界長明一掌明 萬古光明長不滅

－活眼 頌 是不是爾喝－

(진리를 통하여 한번 할을 하니 모든 기틀이 굴복하고/ 말 이전의 큰 기틀이 법륜을 전하네/ 법계의 길고 밝음도 한 손바닥 안에서 밝은 것이니/ 만고의 광명이 길이 멸하지 않네)

－활안이 노래하다. 옳다 그르다고 하면 할을 하리라－

선사로서의 가풍만이 아니라 인자하신 자애로움까지 넘치는 송광사 천자암 조실 활안스님은 "아무리 열심히 공부하고 또 공부해도 후회만 남게 되는 것이 절집안 공부"라며 "아(我)가 공(空)해야 바른 공부야" 하면서 정축년 새해에 제방의 선방수좌들과 강원 학인스님들, 모든 불자들에게 전각구(專角句)를 설했다.

천자암에 머문지 20년동안 외부와의 출입을 일체 끊고

오로지 참선수행에만 정진하고 계신 활안스님은 1백일 폐관(閉關)결사에 들어가 필답(筆答)으로서만 인터뷰가 가능했다.

스님은 시종일관 선(禪)의 중요성에 대해 사자후를 토했다. "흔히들 선이라 하면 밤나무에다 대나무를 접(接)하는 것과 같은 초상식적인 언어나 동작으로 생각하고 있으나 결코 초상식적이며 비세간적인 것이 아니야."

"불립문자 교외별전 언불급 의로부도(不立文字 敎外別傳 言不及 意路不到: 문자를 세우지 않고 말 밖에 따로이 전하였기에 언어로는 미치지 못하고 생각으로도 이르지 못한다)라는 선가의 말이 명시하는 것과 같이 선의 진수를 언어나 문자 혹은 어떤 행동으로 나타내려 하면 십만팔천리(천지현격처럼 거리가 멀다는 뜻)요 어리석은 일이지. 선은 의식이나 사상을 가지고서 여하하게 표현해 보려고 노력해도 도저히 나타낼 수 없음은 옛날이나 지금이나 불별의 원칙이야. 그것은 언어 문자 의식 사상 등의 위에 선이라는 것이 있지 않은 까닭이지. 그렇다고 모두를 버려야 된다는 것은 아니고 단지 언어 문자 의식 사상 등에 걸림이 없다는 것이지."

활안스님께서는 예를들어 선에 대해 설명을 덧붙였다.

"여기 어떠한 한 물건이 있어. 그런데 그 핵심과 경지는 기기가교(其技可教: 그 기술은 가르칠 수 있으나)이니와 기교불가교(其巧不可教: 그 교묘함은 가르칠 수 없다)라는 말과 같이 아무리 타인에게 수교(授教: 가르치다)하려 하여도 불가능해. 오직 자기자신이 느끼고 터득하여 자신의 의식과 사상으로 실천관리하는데서 비로소 획득하게 되는 것이므로 언어나 문자로서는 도저히 수교(授教) 설명할 수 없는것이 선(禪)이야."

"이와같이 극의묘처(極意妙處: 지극한 뜻이 깃든 묘한 곳)는 도저히 필설(筆舌: 붓과 혀, 언어)로 나타낼 수 없기 때문에 선을 언어도단 심행처멸(言語道斷 心行處滅: 말길이 끊어지고 생각이 갈곳을 잃음)이라 하고 '실상(實相: 진리 그 자체)은 이언(離言: 말을 떠나 있다)'이라고 하지."

"말할래야 말할 수 없고 표현할래야 표현할 수 없는 바를 어떻게라도 개시(開示: 열어서 보여줌)해 보려고 죽두목설(竹頭木屑: 대나무 조각과 나무의 부스러기)의 말을 희롱하거나 혹은 일할(一喝: 한번의 고함)을 지르고, 혹은

일봉(一棒: 한 방망이)을 휘둘러서 그곳에 기략종횡(機略
縱橫: 선문답 과정에서 펼쳐지는 종횡의 기략)의 수단을
베풀어 생사대사(生死大事: 나고 죽는 큰 일)의 진면목을
보여주려 하지만 모두 방편이고 선은 스스로 느끼고 맛보
는 것 밖에 없어."

활안스님은 선수행에 대해 한마디로 설했다.

"선은 참(參: 참구)하는 것이니 강(講: 강의)하지 말라."

천자암에 20년간 주석하면서 1백일 폐관(閉關)을 매년
해오면서 폐관을 하지 않을 때는 새벽2시부터 4시간동안
어김없이 도량석과 예불을 직접 한다는 활안스님.

"수행자가 문턱이 있으면 안돼. 수행을 할때는 추상같
이 해야 하지만, 항상 수행자의 본분을 다해야 해. 깨달으
면 부처요, 미혹하면 중생인데 출가한지 오래되고 나이 많
다고 공부안하고 수행자의 본분을 망각한다면 중생과 같
으므로 지옥에나 가야지. 스님이 문턱을 두고 생활하면 아
상(我相)만 높아져. 깨달음이란 생사(生死)와 같아서 전
후고저(前後高低: 앞뒤와 높낮이)가 없어."

스님은 소문과 마찬가지로 수행자의 안일함을 추호도
용납하지 않는 면모를 보였다. 활안 스님은 출가시기를 묻

는 질문에 "이리 갈까 저리 갈까 하는 노선에서 그렇게 가는 것이 옳다하니 그렇게 왔지. 무미지담(無味之談: 맛을 느낄 수 없는 말)이 삼세제불(三世諸佛: 과거 현재 미래의 모든 부처님)의 입을 다 막어버렸어"라고 답했다.

활안 스님은 참선 수행자에게로 사자후를 설했다.

"세간의 모든 것 한마음을 쫓아 생겨나느니 신기하고 묘한 한 물건이 있어 한 생각 일어나는대로 모든 것이 생하느니라. 미물을 생각하면 곧 미물이요, 축생을 생각하면 곧 축생이라. 부처의 마음을 내면 부처요 탐심을 일으키면 탐욕덩어리 진심을 일으키면 불같은 차덩어리, 치심을 일으키면 곧 어리석어 동물과 한가지이니 마음이란 참으로 미묘한 것이라."

"한 생각도 일으키지 않을 때 비로소 본 고향에 도달하니 생각생각에 화두를 간절히 놓치지 말아야 한다. 화두를 놓치는 순간 곧 한 생각 일어나니 한 생각 일어남이 무명이요 업의 굴레에 들어감이라. 생각생각 일념으로 간절히 생멸미생전 시심마(生滅未生前 是甚麽: 나고 죽는 이전의 나는 이 뭣고)를 놓지 말지니라."

천자암에 사는 대중들은 일종식, 새벽 2시 예불, 기도 정근, 무주상보시를 원칙으로 한다. 이는 모두 활안 스님이 직접 몸으로 실천하기 때문에 어느 누구도 마다하지 않는다.

활안 스님을 시봉하고 있는 선길 스님은 오후 불식과 18시간 참선 기도, 덕종 스님은 매일 3천배 묵언정진 그밖의 대중은 모두 보시없이 절일을 돕고 하루 종일 기도한다.

"사시에 밥과 나물 몇 가지가 스님의 하루 공양 전부입니다. 외부와의 모든 인연을 끊고 문을 닫은 지 90일이 됐어요. 오는 2월 2일 문을 열면 예전과 마찬가지로 기도와 참선으로 생활을 하죠."

직접 똥지게를 지고 밭일을 직접 한다는 활안스님. "일하지 않고 공부하지 않으려면 천자암을 내려가라"고 호통을 친다는 스님의 면모를 전해들으면서 천자암에는 선가(禪家)의 가풍이 그대로 살아있음을 실감했다.

14세에 출가, 60년간 오직 선방과 토굴에서만 살아온 스님은 53년 계를 받기 전과 후에도 상원사 청량선원, 칠불암, 범어사, 용화사등 제방의 선방에서 40안거를 성만한 선승답게 지금까지 주지나 행정직에는 한번도 몸담은 적이 없다.

"스님은 일을 하실 때도 삼매에 들어요. 밭일을 할때 아침에 일에 들어가면 저녁 해가 넘어가도 쉴 줄을 몰라요. 물 한 모금 밥도 드시지 않고 일을 하다가 해가 지면 시봉 드는 스님이 '스님 해가 졌는데요' 라는 소리에 일을 마치고 절에 옵니다."

활안 스님의 일화는 많다. 하지만 스님에게 누가 될 것 같아 그만 적기로 한다. 스님은 구산, 전강, 향곡스님 문하에서도 공부를 했다.

스님의 참선하는 이의 마음가짐에 대해도 설법좌를 폈다.

"우리가 일생동안 참선을 해도 진전이 없는 것은 일념으로 구하지 않기 때문이야. 매일 앉아서 온갖 쓸데없는 증상 망상만 찾아들어 결국 허송세월만 보내지. 금생에 반드시 이 일을 해결해야겠다는 원력으로 간절하게 '이뭣고'를 참구하면 시간이 흘러도, 옆에서 시끄러워도, 앉아 있어도, 앉아 있는 것까지 잊어버리게 돼. 그 한 생각 '이뭣고', 화두 일념이 흐르는 물과 같이 지속되면 천사람 만사람이 다 진리의 눈을 뜨게 되는 법이야."

"일도양단(一刀兩斷)으로 모든 반연을 다 끊어버리고 몸뚱이에 병이 있고 없고 잘 먹고 못 먹고 하는 소소한 일은 다 놓아버리고 모든 생각을 오로지 화두에 쏟아야 해.

그러면 다른 생각이 일어날래야 일어날 수가 없고 붙을래야 붙을 것이 없어. 모든 망상이 다 끊어져 바늘로 살을 찌르면 온 신경이 거기에 집중되듯이 화두가 아주 강도높게 집중되고 다른 사람이 보면 '정신나갔다', '등신 같다'고 할 정도로 화두에 푹 빠지게 되지."

"이러한 시간이 며칠이고 몇달이고 몇년이고 간단 없이 흐르다가 시절인연이 도래하면 화두가 타파돼. 만사를 잊은 가운데 화두일념이 흐르는 물과 같이 떠도는 구름과 같이 지속되다가 기연이 맞닿으면 화두당처가 드러나."

"소한 대한이 닥쳐와 살갗을 에이는 한풍이 불지만 이 시기가 지나가고 훈풍이 불어오면 그 혹독하던 추위는 자취조차 없어지고 훈훈한 봄바람에 만물이 생장하듯 화두 공부도 진실하게만 지어가면 자연이치와 똑같아."

"가고 오고 말하는 이것이 무엇인고. 이 몸뚱이를 지배하는 참주인공이 무엇인고. 일념으로 뼈에 사무치고 오장육부를 찌르는 그러한 대의심으로 화두를 챙길 것 같으면 자신도 모르게 공부가 무르익어 모든 잡념은 물러가고 하루 한생각만 또렷이 드러나게 된다는 말이야."

70년대초 오대산 상원사 청량선원에서 수행할 때 수행

정진력과 공부의 깊이에 감복한 선방수좌들이 조실로 추대했지만 '모두 부질 없는 것'이라며 일언지하에 떨쳐버리고 일체무욕이 없는 천자암으로 발길을 옮겼다고 한다.

활안 스님의 선지(禪旨)를 아는 제방의 수좌들이 스님을 찾아와 법거량을 할라치면 "장님이 눈뜬 사람을 그리려면 그려지느냐, 집어치워라"고 호통을 치면서도 천자암을 내려가는 남자에게 "여보게 수좌, 죽는 게 옳은가 사는 게 옳은가?"라고 한마디 하고는 빙그레 미소를 띄운다고.

오는 2월 2일 염화실의 문을 열고 1백일만의 햇빛을 볼 활안 스님의 자애스런 모습을 그리며 밖을 바라보니 눈발이 휘날리는 조계산에 어느덧 어둠이 내리고 보조 국사와 그의 제자 담당 국사가 꽂은 지팡이가 커서 됐다는 쌍향수(雙香樹: 천연기념물 제88호)만이 흘러온 세월을 지켜오는듯 푸르게 서 있었다.

지금까지 한번도 인터뷰에 응한 적이 없는 활안 스님은 마지막으로 불자들에게도 새해를 맞아 설법좌를 폈다.

"불자들은 정축년 한해를 '나'를 비우는 해로 생각해야 해. '나'라는 생각을 비워버리면 장사를 하든지, 공부를 하든지, 몸이 아프다든지, 싸움을 하든지, 도를 닦든지, 염불을 하든지, 정치를 하든지, 문학을 하든지 그 과정은 제 불성현과 똑같고 밝은 지혜가 열려."

"잘살려면 밝아야 하고 밝으려면 천진지혜가 확실해야 해. 공부하고 기도하고 염불하는데는 상근기가 필요 없고 대·소능이 필요없어. 오직 '나'를 놓아버리고 바로보고 한마음으로 참선, 기도, 염불을 한다면 가장 보람있는 한 해가 될 것이야."

활안 스님은 당신의 오도송을 정축년에 수행납자들에게 던져주고 염화실의 문을 굳게 닫았다.

打破柱杖一鹿山 三世佛祖失鼻孔
若人頓見有轉身 百草頭上無邊春

불교신문, 1997년 1월 21일

원력과 지혜는 자비의 두 바퀴

강원에서 머무를 적에 한동안 달뜨게 공부하는 시늉을 내다보니 어느 날 '아! 이것이었구나.' 싶게 와 닿는 것이 있어 몇 자 적어 가지고 천자암 어른 스님(활안 스님)께 찾아올라 간 적이 있었다. 후에 되돌아보니 별 대수롭지도 않은 설풋한 얇은 지견이었다 싶어 몇자 글도 다 잊었지만, 그 때는 대단한 것인양 스스로 기꺼워 했었다.

암자에 막 들어서려는데 어른 스님께서 나오시길래 인사 드리고 글을 올렸더니 "공부에 들어서는 마음은 됐다. 이것이 끝이 아니고 이제야 겨우 공부하는 길에 들어설 마음 준비가 일부 갖추어진 것이니 지금부터가 시작인 게야. 이제부터는 더욱 원력을 굳게 세워야 하고 자신에게 맞는 도구를 골라서 지어가야 해. 원력이 없으면 아무 소용없어. 원력을 굳건하게 세우고 나아가야 물러섬도 없고 한길로 쭉 나아갈 수가 있는 거야. 그리고 도구를 잘 선택해야 돼. 이제부터는 참선을 하든 염불을 하든 간경을 하던 어떤 것이라도 좋으니 자신에게 알맞은 도구를 선택해서 해야 잘 갈 수가 있지. 천수다라니를 백만번 하거나 『금강경』을 십만독 해도 좋아." 하시며 자상히 일러주시는 어른 스님께 맨 바닥에서 넙죽 삼배의 예를 올리고 물러나 큰 절로 내려오며 굳게 마음을 먹긴 했는데 지금도 그저 이러 저러 시주밥만 축내고 있는 듯 싶다.

이곳 실상사에 와 공부하면서는 수행자에게 원력이라 는 것이 얼마나 중요하고 큰 힘을 내는가를 어른 스님을 통해 깊이 느낀다. 보통 사람이라면 좋은 일이고 해야 될 일이라는 생각은 들었어도 자신이 떠맡기에 벅찬 것 같으 면 그만두기 십상이고 다른 핑계를 대기 마련인데, 반드시 해야만 될 일이라고 생각이 드시면 조금은 무모하다 싶게 밀고 나서신다.

『화엄경』「세계성취품」에서 이 세계가 이루어지게 된 까닭을 여래의 위신력, 중생의 업행 등 크게 열 가지를 들 고 있는데 그 중에는 비로자나 부처님의 무시 이래의 본원 력과 보살의 원행(願行)도 설하고 있다. 여래의 본원력과 보살의 끊임없는 원행이 있었기에 이 세계가 이루어졌고, 그러한 세계이기에 거기에 합일되어 가기 위해서는 또한 원력과 그에 따른 행이 반드시 수반되어야 하는 것임을 「입법계품」에서 선재동자의 구도행각을 통해 여실히 보여주고 있다.

또한 자비는 원력과 지혜라는 두 바퀴를 반드시 필요로 한다. 지혜가 없는 자비는 유루공덕이 되고, 원력이 없는 자비는 일시적 동정으로 끝나고 만다.

그런데 나 자신은 물론 이 땅 불교에 크게 부족한 덕목도 바로 이 원력이 아닌가 싶다.

법보신문, 2004년 8월 10일, 정묵 스님(실상사)

천자암에서 들은 본성(本性)의 외침

아침에 일어나 눈을 떠보니 몸에 한기가 느껴진다. 제법 날씨가 쌀쌀해진 모양이다. 때가 되니 가을도 제 몫을 하려고 어김없이 찾아오나 보다. 나는 자다 걷어 부친 이불을 다시 끌어올리고 멍하니 사색에 빠져 있었다. 그러다가 벽 모퉁이에 있는 관세음보살의 탱화에 우연히 시선을 두게 되었다. 관세음보살님의 잔잔한 미소를 보고 있으니 문득 수년 전 내가 가슴속에 깊이 감응했던 기억이 떠올랐다. 그래서 그 때 내가 맞이했던 10월의 가을을 풍경소리에 담아보고자 한다.

그 때가 아마도 7년 전이었을 것이다. 그 추억의 장소는 전라남도 승주군 이읍상리에 위치하고 있는 천자암이라는 곳에서 시작된다. 천자암은 송광사 말사로서 보조국사와 담당국사가 꽂았다는 지팡이가 기이하고도 신비하게 자란 쌍향수(雙香樹)로도 유명한 암자이다. 또한 천자암에서 내려다보는 운해(雲海)는 보는 이로 하여금 천상에 온 느낌마저 주는 곳이다. 더욱이 내가 2년 정도 적을 두고 있었던 곳이고 여러 가지 사연과 함께 정이 깊은 곳이라 항상 그리워하고 가고 싶은 곳이었다. 특히 몇 해만에 가는 곳이었기 때문에 더욱 간절했다. 그러나 내가 정말 가고자 하는 이유는 뭔가 채워지지 않는 나의 마음에 의지처가 될 것이라는 것, 바로 활안 큰스님을 뵙고 싶어서였다. 그분이면 왠지 나의 무거운 마음을 덜어 줄 것이라는 은근한 기대감을 가지고 있었다. 지친 몸을 이끌고 천자암 대웅전 앞에 다다랐을 때 나는 스님을 뵙고 싶은 마음에 마음이 더욱 급해졌다. 그래서 다급히 그곳에 기거하는 처사님들께 활안 큰스님의 행방을 여쭤보았다.

그런데 이게 무슨 허탈한 소리인가. 스님께서는 부산 범어사 법회에 법문하러 가시어 며칠 걸려야 오신다는 것이었다. 나는 실망감과 허탈함에 깊은 한숨을 내쉬었다. 다시 내려가기는 너무 늦어서 여러 해 전에 여기에 머물렀던 누구라고 말씀드리니 다행히 그 절에 계신 어떤 스님께서 기거를 허락해 주셨다. 그날 밤 나는 그저 답답한 마음에 잠을 뒤척이며 새벽예불을 기다려야 했다. 그리고 예불이 끝난 후에야 피로가 밀려오는 것을 느꼈으나 더 이상 지체할 수 없어 내려가려고 인사를 드리려 했다.

그런데 그 스님께서 "절에 왔으면 부처님께 절을 하고

가든지 일을 하고 가라"는 것이었다. 왠지 스님의 말씀이 거절할 수 없는 그런 묵직한 말투여서 나도 모르게 "네"하고 대답하고 말았다.

　스님이 시키신 일은 고개 넘어 공터에 있는 장작을 요사채 앞마당에 옮겨 놓으라는 것이었다. 나는 속으로 '정말 오늘 잘못 걸렸군' 하고 나도 알 수 없는 표정을 지었다. 경운기가 고장이 난 터라 나는 나무를 지게에 얹어 같은 길을 수십번을 오르락 내리락 했다. 마지막 나무 단을 옮길 때 나는 이미 기력이 다 빠진 상태였다. 게다가 마지막에 발을 접질러서 발목까지 삐었던 터라 하나 남은 나무단은 질질 끌고 내려와야 했다. 중간 쯤 와서는 내 힘으로는 안될 것 같아 그냥 땅바닥에 풀썩 주저 앉아 다른 사람이 도와주기를 기다렸다. 고개를 쭉 빼고 사람을 기다려도 오지 않아 답답해 하고 있다가 결국 나는 길바닥 풀위에 그냥 누워서 하늘을 쳐다보고 있었다. 그때 어디선가 나지막이 사람의 음성이 들렸다.

　"계환아 어서 일해 !"

그 음성은 활안 큰스님 음성 같기도 했고 또 어디선가 많이 들은 그 누군가의 음성 같기도 했다. 사방을 둘러봐도 아무도 없었고 그저 풀벌레 소리만 어지럽게 들릴 뿐이었다. 고개를 갸우뚱하며 이상야릇한 생각도 들었다. 어쨌든 그 말을 들으니 기운이 나는 것 같아 옆에 고인 물을 벌컥벌컥 들어 마신 후 온 힘을 기울여 마지막 나무단을 끌고 내려 왔다. 일을 끝내니 스님께서는 수고했다 하면서 과일이며 떡을 챙겨주시며 따뜻이 가는 길을 배웅해 주었다. 나는 스님들께 항상 이런 따뜻한 마음에 매력을 느끼곤 한다. 아무튼 이제는 내려가는 일만 남았다.

그런데 아까 내가 고갯마루에서 있었던 일이 나도 모르게 야릇한 의문점으로 밀려오기 시작했다. 혹시 누가 숨어 있었나? 아니면 활안 스님께서 혹시 오셨나? '아니야 잠깐 꿈을 꾸었거나 환청이 들렸겠지' 하고 나름대로의 결론도 내려보기도 했다. 한참을 생각하니 머리가 아팠다. 이 상태로 가다가는 내 머리가 터질 것 같아 모든 망상을 던져 버리기로 하고 지장보살 염불을 하기 시작했다.

절 한참 밑에 주차장에 내려왔을까 나는 문득 떠오르는 생각에 나도 모르게 내 몸에 전율감과 환희가 느껴졌다.

그것은 '바로 내 마음이 부처' 라는 말씀이 주마등처럼 스쳐지나 갔기 때문이었다. 나는 그 자리에서 더 이상 발을 뗄 수가 없었다. 그리고 '결국 그것이 맞겠지' 하고 혼자말을 내뱉었다. 결국 그 음성의 주인공은 활안 스님도 아니며 주위에 누가 있어서 낸 소리도 아니었다. 그것은 바로 나의 진정한 모습, 본성(本性)의 외침이었으리라. 내 마음속에 자리하고 있는 진정한 나의 주인공이 일을 끝마치라고 얘기한 것이다. 그 순간 활안 스님을 뵙지 못해 허탈했던 나의 마음은 눈녹듯 사라지고 어리석었던 내 자신이 부끄러웠다. 나는 그 자리에서 천자암 부처님을 향해 삼배를 올린 후 다시 서울로 올라왔다.

그리고 마음의 정리를 했다. '그동안 나는 스스로 주인공 역할을 하지 못했다. 그리고 멀리 계신 어떤 분이 열망의 대상이 되어왔다. 나의 어리석음이 나를 괴롭게 만들었다. 부처님 말씀은 주위에 어디에나 항상 있다. 그리고 역시 중요한 나의 마음가짐이 아니었던가' 오늘의 가을은 너무나 깨끗하고 맑았다. 오늘만큼은 10월 가을의 주인공이 되고 싶었다. 그리고 돌아오면서 가을의 높고 푸른 하늘처럼 청정함이 항상 온누리에 다하기를 염원했다. 終

다음카페 '초심향기(cafe.daum.net/chosimzen)',

2004년 4월 11일, ID '초심'

.

목표 정하면 목숨도 잊을 정도로 정진하라

평생을 산사에서 정진해온 스님은 과연 어떤 모습일까.

궁금증을 잔뜩 안은 채 출가 후 선방과 토굴에서 오직 참선수행에만 정진해왔다는 활안 스님을 만나뵈러 조계산 천자암을 찾았다.

송광사 말사인 조계산 천자암. 고려말 타락한 불교를 개혁하기 위해 수선결사를 열었던 보조국사 지눌 스님의 자취가 어려있는 암자다. 활안 스님의 추상같은 수행가풍을 보여주기라도 하듯 천자암이 가까워질수록 산의 경사는 급해졌다.

스님과의 약속시간을 맞추기 위해 새벽부터 서울에서 달려간 천자암에서 처음 마주친 사람은 바로 활안 스님이었다.

"어디서 왔어" 라는 스님의 질문에 "서울에서 왔습니다"라고 답하니 얼른 "점심 안먹었지? 공양 먼저 해" 라고 말했다. 그러면서 스님은 부지런히 톱으로 무언가를 자르고 있었다.

일일부작(一日不作)이면 일일불식(一日不食)이라(하

루 일하지 않으면 먹지도 말라). 스님은 백장청규 정신에 따라 77세의 노령에도 불구하고 여전히 밭일을 직접 한다. 배추와 무는 기본이고 감자, 호박, 깻잎, 버섯, 고추, 고구마 등 평상시 먹는 것은 직접 농사를 짓는다.

"나이가 많으신데 괜찮으세요?"라는 기자의 질문에 잠시 천자암에 묵고 있다는 도성 스님은 "웬만한 젊은이 못지 않다"며 "달리는 경운기에서도 멀쩡히 뛰어내릴 만큼 건강하시다"고 귀뜸했다.

보조 스님과 스님의 제자인 담당 스님이 짚었다는 지팡이가 자랐다는 쌍향수를 품에 안은 천자암에는 현재 활안 스님을 포함한 3명의 스님과 1명의 공양주 보살이 기거하고 있다.

공양주 보살에게 스님에 대해 물으니 "새벽 1시 50분이면 어김없이 도량석을 도시고, 새벽 6시까지 계속 기도정진하세요. 그런 다음 아침 공양하시고는 바로 밭으로 일하러 나가시죠. 한번은 해가 어두워지는 줄도 모르고 계속 일만 하셔서 행자 스님이 직접 모시러 간 적도 있답니다. 여기서는 어느 누구든 일하지 않으면 안됩니다. 그러다간 스님의 불호령이 떨어진답니다. 제대로 일 안하면 혼나지만 그래도 맡은 일을 잘하면 칭찬도 아낌없이 해주십니다."

한번 어떤 목표를 정하면 목숨도 돌보지 않을 정도로 정진한다는 활안 스님. 지난 8월 15일부터 일주일간 전개된 용맹정진 기간동안 스님은 하루도 빠짐없이 매일 2시간만 자고 일어나 17시간을 오로지 서서 목탁들고 정진했다고 한다. 그때 손이 부르터 한동안 고생하기도 했지만 목탁치고 예불 올리고 절 일 하는 것은 잊지 않는다고. 그래서일까. 천자암은 해마다 전국 각지에서 몰려드는 스님과 신도들로 인산인해를 이룬다고 한다.

이처럼 활안 스님은 매사에 철저하다. 그토록 많은 일을 하면서도 1초의 흐트러짐이 없다는게 주변의 평가다. 출가 이후부터 지금까지 초심을 잠시도 놓지 않는다는 스님은 특히 3년전까지만 해도 매년 100일동안 문 밖 출입을 일체 하지 않는 폐관정진(閉關精進)을 13년 동안 계속해 화제가 되기도 했었다. 그러나 스님들과 신도들이 스님의 가르침을 조금이라도 더 받기 위해 간곡히 만류하는 바람에 3년 전부터는 그만뒀다고 한다.

산사에서 수행에만 정진해 대중사회에는 무관심할 것 같은 스님. 그러나 오히려 더 해박하다. 산중에서, 그것도 쉴 틈 없이 짜여진 수행생활 속에서 어떻게 대중사회 소식을 전해들을까 싶지만 스님은 정치, 경제, 사회, 대중매체 할 것 없이 두루두루 통달해 있다. 또한 액션영화를 좋아한다고 한다.

"직접 몸소 보여주시는데 어떤 이가 가만있을 수 있겠습니까. 적어도 현재의 후학들에게는 어떻게 가르쳐야 하는지를 아는 선지식이시지요."

감히 스님의 수행을 입으로 담을 수 없다는 도성 스님은 대신 이렇게 짧게 말했다.

만불신문, 2004년 10월 28일, 허민경 기자

한 생각 일으킬 때가 바로 공부할 때

2006년 7월 24일, 밤 늦게 조계산에 도착했다. 송광사 사하촌의 송광여관에 여장을 풀고 간단한 빨래를 한 후, 벽에 기댄 채 『싯다르타의 길』이란 책을 읽었다.

그 책에서는 제자들로부터 신통력에 대한 질문을 받은 후, 부처님께서 답변하신 내용이 참으로 인상적이었다. 그 법문은 이랬다.

"눈, 코, 귓구멍이 열려 있고, 머리가 제대로 돌아가는 인간이 어떤 갈망과 증오에도 흔들리지 않고 의연할 수 있다면, 나는 그것을 인간이 성취할 수 있는 최고의 능력이라고 할 것이다. 그것이 바로 내가 이룬 것이며, 그것이 바로 내가 주창하는 수행의 궁극적 목표이다."

과연, 구도자들이 생각하는 수행의 궁극적 목표가 부처님께서 밝힌 바와 같은 것일까. 여기에 대해서는 필자부터도 적지 않은 갈등이 있었다. 완전한 해탈과 열반, 대자유를 무언가 신비스럽고 불가사의한 초월적인 일로만 상정하는 오래된 습관 때문이다. 육신통(六神通: 천안통 천이통 타심통 숙명통 신족통 누진통의 여섯 가지 신통력)을 구족하고 시공을 초월해 일체지(一切智: 완전한 지혜)를 증득한 거룩한 부처님만을 수행의 완성자로 생각하기 때문이다.

그러나 일상사를 떠난 깨달음, 세간과 분리된 출세간만의 이법은 완전한 진리가 될 수 없음은 물론이다. 중생을 떠난 부처가 어디에 따로 있으며, 세간을 도외시한 출세간이 어떻게 존립할 수 있겠는가. 깊은 산속에 있으면서도 중생의 신음소리를 듣지 못하고 혼자만의 안락에 머물고 만다면 그는 참 도인일 수 없다. 십우도(十牛圖: 본성을 찾아 수행하는 단계를 동자(童子)나 스님이 소를 찾는 것에 비유해서 묘사한 선화(禪畵))의 최종 단계인 입전수수(入纏垂手; 저자에 들어가 중생을 돕다)를 떠올리지 않더라도 깨달음의 사회적 회향은 '상구보리 하화중생'을 지향하는 불교의 목적이자 존재이유이기도 하다.

이런 점에서 송광사 천자암 조실 활안 스님은 조계종 원로의원이자 존경받는 선사이면서도, 늘 세간사에 깊은 관심을 두고 중생구제의 염원을 발하는 참 선지식이다. 늘 남북통일과 세계평화에 대해 노심초사하며 기도를 쉬지 않는다. 자리이타(自利利他: 수행으로 나를 이롭게 한 후

남을 돕는다는 의미)의 보임(保任: 깨달음을 지켜가는 마음공부) 공부가 아니겠는가. 본지(월간 '선문화') 창간 6주년 특별 인터뷰로 활안 스님을 모신 것도 이러한 불이법문을 듣기 위한 목적에서 이뤄졌다.

다음 날 이른 아침, 조계산 천자암을 오르기에 앞서 송광사 계곡을 따라 올라갔다. 비가 올듯 말듯한 구름이 잔뜩 낀 날씨에도 계곡의 물은 푸르름을 더했고 산새 소리도 명랑하기 그지 없었다. 마침 송광사에서는 여름수련회가 진행중이었다. 법복을 차려입은 재가 불자들이 일렬로 왔다 갔다 하면서 분주히 움직이고 있었고, 학인 스님들은 도량 곳곳에 비질을 하고 있었다.

송광사에서 천자암에 이르는 기나 긴 대나무 숲길은 날씨만큼이나 진한 고독의 향기를 풍기는 등산길이었다. 1시간 반 가량의 등산 끝에 막 천자암에 도착한 순간, 필자는 깜짝 놀라고 말았다. 천자암 초입의 바위에 활안 스님이 좌선하며 필자를 쳐다보고 있는 게 아닌가. 옆에 앉아 있던 백구(白駒)가 필자를 반기며 연신 혀로 옷자락을 핥아대는 모습이 마치 오랜 도반을 만났 것처럼 다정하게 느껴졌다.

법왕루 앞 바위에 앉아 계신 활안 스님께 합장을 하니, 스님이 탐간영초(探竿影草; 법을 문답할 때에 상대편을 여러 가지 방법으로 시험하는 언행)를 던진다.

"어디서 왔소?" ('그대의 본성은 어디에 있는가?'란 이중적인 의미를 담은 질문)

여기서 걸려들면 뼈도 못추리는 것은 물론이다. 취재는 고사하고 몽둥이를 맞고 하산해야 할 절체절명의 순간. 이 때는 '오직 모를 뿐'인 순진한 바보와 같은 대답이 살아남는 방법이다.

"네, 서울 옆에 있는 부천에서 왔습니다."

"먼데서 왔네. 올라가서 쉬고 있어요."

다행이었다. 노련한 선사의 낚시밥에 걸리지 않았으니, 그나마 짧은 인터뷰를 마칠 수 있었으니.

1시간 가량, 800년 된 쌍향수(보조 선사가 꽂은 지팡이가 자랐다는 전설이 있다)와 나한전 등 도량 곳곳을 카메라에 담고 염화조실(拈華祖室)에 들어가 스님께 삼배를 올렸다.

그런데, 인터뷰를 취재하자마자, 큰스님의 할(喝)이 쉴 새 없이 터져나온다.

"최근 북한의 미사일 발사로 남·북한 간에 심각한 불협화음이 벌어지고 있어요. 민족의 대동단결이 이뤄지지 않으면, 통일은 고사하고 한반도가 피바다가 될지도 모릅니다. 평화적으로 국제적인 문제를 해결하는 지혜는 정치인 각자의 노력여하에 달려있기에 더욱 진실하고 성실한 마음자세가 필요합니다."

현 대통령과 정부가 국민을 편케 하기는커녕 오히려 불안을 조성하고 있는데 대한 노 선사의 질책은 우리의 역사를 되짚는 법문으로 이어졌다.

"신라, 고려 때는 나라가 태평하고 국민들도 평안했습니다. 그런데 조선 시대에 들어오면서 불교가 기울더니 나라가 불안해졌습니다. 해방 후에는 한반도가 남북으로 갈려 국민들이 오합지졸이 되고, 국민성도 나빠졌습니다. 전 세계의 문화가 한반도를 중심으로 꽃이 필 시기가 도래했는데, 생산을 외면하고 서로 뜯어먹다가는 나라가 망합니다. 서울지역만 잘 살도록 하고 지역을 외면했다가는 나라가 균형잡힌 힘을 쓸 수 없습니다. 고구려 이래로 북한에서 큰 인물들이 많이 나왔습니다. 반면 이남에서는 농업이나 산업 생산을 뒷받침했습니다. 역사이래로 우리나라는 불교의 혜택을 입어왔습니다. 불문(佛門)의 지혜로 정부의 정치 방식을 바꿔줄 수 있어야 합니다. 그래야 열등의식에 사로잡혀 있는 국민성을 계발(啓發)할 수 있습니다. 세계적인 두뇌를 자랑하면서도 써먹지도 못한다면 말이 되겠어요."

나와 국토는 둘이 아니기에 신토불이(身土不二)라는 말이 생겼다. 사람이 인격을 완성하지 못하면 나라도 어려워지고, 나라가 어지러워 지면 사람의 심성도 황폐화 되기 마련이다. 이런 불이(不二)의 관점에서 스님은 나라와 세계의 평화를 이끌 인재의 중요성을 거듭 역설하셨다.

"각계각층이 불평만 쌓여 가지고는 통일이 되어도 나라가 망합니다. 지금의 한반도는 물론이요 세계적으로도 중대한 고비입니다. 이 고비를 잘못 넘기면 인류가 멸종할 수도 있는 위태로운 시기입니다. 고구려 시대에 중국과 네 차례 큰 전쟁을 치루면서 1천 만명의 군인과 백성들이 죽었습니다. 이러한 원혼들이 한반도 정세를 어렵게 만들고 있는 원인도 있습니다. 이러한 위기를 막기 위해서는 정치

논리를 불교 중심으로 바꿔나가야 합니다. 그러면 국제정세도 자연스럽게 평화적인 방향으로 변화될 수 있습니다. 승속을 막론하고 지금과 같은 방식으로는 안되고, 많은 성자들이 나와야 합니다. 우리 국민 가운데에는 뛰어난 인재들이 숨어 있기 때문에 몇 달이면 훌륭한 불교 인재로 육성할 수 있는데, 이를 활용하지 못하고 있습니다."

스님은 인재 양성에 소홀한 과보로 국민의 심성을 교화하고 이끌어 나가지 못하는 불교계의 현실에 대해서도 목소리를 높였다.

"스님과 불자들부터 잠에서 깨어나야 합니다. 지금의 불교로는 불교계의 발언이 정치권에 씨도 안먹힙니다. 현 종단의 인물로는 정부에 직언을 하고 그들을 도와줄 인물이 거의 없습니다. 인재도 부족하지만 그나마 대화하는 기술도 다른 종교인이나 일반인 보다 떨어집니다. 인재가 없으면 불교도 죽은 물건이나 다름 없어요. 바다의 섬처럼 되어서는 불교의 역할이 도대체 가능하겠습니까."

구지 인과법을 들먹이지 않더라도 개인의 성장과 국가의 발전은 피나는 노력 없이 이뤄지지 않는다. 생명은 평등해서 태어날 때는 능력에 큰 차별이 없다. 하지만 성장하는 과정에서 각자의 노력 여하에 따라 능력은 천차 만별로 벌어지는데, 국력도 마찬가지다. 국가적으로 철학, 의학, 과학, 외교 등 각 방면에서 노력해서 생산한 만큼의 성취가 이뤄져 국력신장이 가능하다는 법문이었다.

스님은 "미국은 정신이 타락해서 더 이상은 세계의 지도국가가 될 수 없다"고도 했다. 백수의 왕인 사자가 자기 몸의 벌레로 인해 죽는 것과 같은 형국이란 것이다. 아무리 힘있는 나라와 개인이라도 도덕성을 상실하고 자만에 빠진다면 나락으로 빠질 수밖에 없다는 스님의 당부가 혼란한 국·내외 정치상황을 돌파하는 혜안(慧眼)이 아닐 수 없었다.

인터뷰의 상당 부분이 세간법에 대한 것이 없기에, 출세간의 수행에 대해 여쭙지 않을 수 없었다. 하지만 스님은 세상에 드러난 선사임에도 불구하고 끝끝내 참선이니 수행이니 깨달음이니 하는 말을 입에 대지 않으셨다. 애독자들을 위해 한마디만 해달라는 기자의 간청에도 큰스님은 요지부동. '더 이상 할 말 없다'며 인터뷰를 마치며 큰스님이 하신 말씀은 간단한 한마디였다.

"그동안 법문은 수도 없이 했지 않나. 실천하지 않는 법문 들어서 뭣해!"

이타행(利他行)이 없는 자리행(自利行)은 절름발이 수행일 뿐이다. 불교에 입문해 배운 것 하나라도 실천한다면 그것이 요긴한 '법의 문[法門]'이라는 스님의 역설적인 일구(一句)였다. 아쉬움을 뒤로 한 채, 기자는 염화조실에서 물러나 바로 옆 마루에서 사무장과 대화를 나누고 있었다.

그런데 노스님은 말문을 닫고 기자를 쫓아낸 것이 미안하셔서인지, 음료수 한 병을 들고 오셔서 한마디 당부를 하신다.

"생각과 움직임이 다르죠? 생각대로 행동이 되도록 하는 데에 수행의 요체가 있다는 걸 명심하세요."

스님의 자비 법문은 '오직 마음이 온갖 존재를 만든다'는 일체유심조(一切唯心造)의 도리를 일상 중에 몸으로 실천해 보라는 것이었다. 거창한 삼계유심(三界唯心)과 만법유식(萬法唯識)의 도리도 이 몸과 생각을 벗어난 것이 아니다. 한 생각 일으킬 때가 바로 공부할 때임을 스님은 간절히 성파하신 것이다.

대통령과 정치인들이 보고 들어야 할 할(喝)과 방(棒)을 온 몸으로 받아낸 이번 대담은 세간과 출세간, 마음과 행동, 수행과 일이 둘이 아닌 불이법문(不二法門)을 깨닫게 한 소중한 기연이었다.

노 선사의 건강을 기원하며 천자암을 내려오는 길은 여전히 찌뿌둥한 날씨였지만, 마음 속은 어느 화창한 여름날보다 유쾌했다.

월간 〈선문화〉, 2006년 7월호, 김성우 기자

활안 큰스님과 소설가 한승원의 '산중대담'

　한승원 : 안녕하십니까, 한승원(소설가)입니다. 혹독한 겨울 추위 속에서 산사를 찾아왔습니다. 조계산 천자암, 오늘은 활안 스님을 뵙고 좋은 말씀을 듣기로 하겠습니다. 지난 해 말 지진해일로 인해 수없이 많은 참사가 일어났을 때, 한 원시부족은 아무런 탈을 입지 않았습니다. 또한 그 해변가에 살고 있던 모든 동물들은 미리 대피를 한 까닭에 참수를 당하지 않았다고 합니다. 그것은 무엇일까요. 우주에는 율동이 있는데, 그 율동을 미리 감지했기 때문에 그들은 피해를 입지 않았던 겁니다. 산사에서 살아가고 계시는 도 닦는 스님들, 그 스님들의 감각은 바람의 소리, 바람의 빛을 보고, 바람의 율동, 자연의 율동을 느끼고 삽니다. 그 것은 오랫동안 인욕과 하심으로 인해서 도 닦은 결과라고 말할 수 있습니다. 오늘, 오탁악세의 속에서 살아가고 있는 우리 중생들이, 금강석 같은 지혜의 말씀을 통해서 어떻게 살아가야 할 것인가 교훈을 얻는 시간이 되겠습니다.

　한승원 : 예와 지혜를 겸비한 활안 큰스님의 말씀을 여러 곳에서 들었습니다. 오늘 뵙게 되니까, 아주 반갑고 기쁩

니다. 요즘 겨울 찬바람이 아주 매섭고 그런데, 요즘도 제
자들과 함께 물욕도 하고 도량석도 하고 그러십니까?

활안 스님 : 오늘은 바람이 과거 이래로 모든 생명의 마음
을 싣고 와서 그 소리를 듣고, 그 날 그 날 주리면 밥 먹고
고달프면 자고, 알아서 움직이는 거죠.

한승원 : 뭐 보니까 저보다 아주 많은 세월을 살아오셨는
데, 더 건강이 더 좋으신 거 같습니다. 어떤 비결 같은 거
있으십니까?

활안 스님 : 타고난 마음을 때와 장소가 발붙일 곳 없이 마
음을 활용할 줄 알면, 첫 번에 건강부터 시작이 되는 것이지.

한승원 : 네, 저도 그 편안 한 마음을 가져서 건강해지는
법을 배워가지고 가겠습니다. 제가 활안 큰스님 말씀을 많
이 듣고 여기 올라오면서 보니까, 흔히 초지(初地)의 경지
를 넘어선 분들은 나무 보고 서 있고, 구름 보고 서있고, 그
런다고 하거든요. 그래서 제가 온다는 것을 미리 통찰하시

고 나와 서 계시지 않나, 그러고 차나무도 주의깊게 보고, 나무도 주의깊게 보고, 그러고 왔습니다. 그래서 제가 오니까 마음이 편하시지요?

　활안 스님 : 편한 것보다도 모든 생명은 나 활안 스님 본마음의 표정이기 때문에, 그렇게 보이겠지.

　한승원 : 들리는 바에 의하면, 영가를 위해서 천도도 하고 많은 불자들이 와서 좋은 말씀을 들으려고 하고 그런다는데, 제가 생각하기에 그렇습니다. 살아있는 영가도 많이 있을텐데 하필 저 세상으로 간 그 영가를 위해서 무엇을 한단 말인가, 감히 그런 의문이 들었는데 그것을 어찌합니까?

　활안 스님 : 둘로 나누기 이전에 내 본성, 나의 마음은 대동태허 모든 생명의 표정이기 때문에, 현 살아있는 사람도 살아있는 귀신이고, 자기의 본성을 모르는 게 귀신 아니겠는가. 죽어도 귀신이고, 본성은 하나이기 때문에, 하나를 생각하면 바람소리 물소리가 다 그 소식을 자연히 매양 유전(流轉)으로 전파가 되는 거야. 그렇지 않아요?

한승원 : 저는 스님 말씀마따나 제가 걸어다니면서도 제 몸뚱이가 걸어다니는지, 제 주인공은 다른 데 있는지도 모른다고 늘 그런 생각하거든요. 저는 어떤 큰스님은, 이미 입적 하셨습니다만은, 당신을 뵙고 좋은 말씀을 들으려면 몇 천배를 해야만 한다고 그랬다는데, 그 몇 번의 절을 받으면 뭐합니까. 마음의 절 한 자리가 더 중요한 거 아닙니까. 혹시 스님께서도 스님 뵈러 오려면 너도 부처님 앞에서 삼천 배를 하고 와, 그러십니까.

활안 스님 : 그 분의 생각, 그 근본은 아직 드러나지 않았고…. 걸어가도 두 발이 걷지, 상체는 가만히 있고, 몸이 움직이는데 본성은 움직이는 게 아니거든. 원래는 생에 해당되는 게 아니기 때문에, 금방 제이 제삼이 나와서 자비심으로 천지자연에 보답하는 거다 그말이거든.

한승원 : 대개 이 세상을 오탁악세(五濁惡世)라고 하지 않습니까. 더럽고 무섭고 그런 세상인데, 활안 큰스님처럼 이렇게 도력이 높으신 스님께서는 오탁악세 그 한가운데 들어가서 많은 중생들을 제도하고 그러셔야 되는데, 제가

올라오면서 보니까, 무척 힘들었어요. 이 꼭대기에 앉아서 오탁악세 그 중생들을 어떻게 제도한다는 말인가, 그런 의문이 들었는데 지금 이 도량의 뜻이 무엇인가요?

활안 스님 : 오탁이라는 말은 부처님께서 다섯 가지 흐린 세상[五濁]에 나셨다는 것이니 시간(劫)이 흐리고, 번뇌가 흐리고, 중생이 흐리고, 소견이 흐리고, 수명이 흐린 것입니다. 그가 주관이 되어가지고 움직이면 오탁악세다 하는 생각을 바꿔서 다시는 더 되풀이 될 수 없는 지혜로, 그 다섯 가지 내용을 활용합니다. 둘로 나누기 이전의 본성의 이면은 다 통합니다. 오탁악세라고 하지만 본성은 생산이 없는, 그 근거가 없는 마음 지혜는 연결되어 있기 때문에 힘이 있는 사람은 그 시선과 그 말이 다 통하게 되어 있어요. 본래는 중생이 다 하나로 연결되어 있습니다. 그 활용 자체가 확실하기도 하고 또 불확실하기도 하고 그 시간, 사이에 있는 것이지, 따지는 거 아니라고.

한승원 : 그러니까 제가 드리는 말씀은, 흔히 재벌들이 돈을 많이 벌어서 자기 혼자서 돈 벌어가지고 자기 혼자서

다 쓰고, 자기 자식들한테 다 물려주고, 그래서 욕을 많이 먹지요. 그런데 활안 스님처럼 크게 깨치신 큰스님들께서는 깨치신 것은 이 세상을 살아오면서 수없이 많은 사람들 덕분에, 혹은 천지자연 삼라만상의 덕으로 인해서 그 깨달음을 얻으신 거 아니겠습니까. 그렇다면, 재벌들이 이 사회와 역사를 통해서 번 돈을 자기 혼자서 잘 먹고 잘 살듯이, 스님께서는 혼자서 깨달으셨다고 혼자서 그 깨달음에 만족하시고, 즐기시고 그렇게 사신다면 그 재벌들과 큰스님과의 차이가 무엇인지, 그것을 여쭙고 싶어요.

활안 스님 : 내가 부탁하고 싶은 것은 내 입을 막을라고 생각하지 말고, 그냥 뜻만 밝히면 내가 말해 볼게요. 전체 본(本)은 전체 식(識)은 생명에 해당되는 것은 자연의 필수 요소이고, 본디 자기 생각은 없고 원래가 자연에 다 모자란걸 채워주는, 만족의 원리로 생명이 탄생되어야 했거든. 그런데 재벌가들이 말할 줄을 몰라서 그렇지 그 사람들이 혼자 다 먹나, 나눠먹지만 굳이 그 사람이 말할 줄만 몰라서 그러지, 내용은 하나도 하자가 아니니까 허물하지 말라고. 허물 안하면 좋겠어.

한승원 : 그 사람들도 다 나눠주시고, 큰스님도 다 나눠주시고?

활안 스님 : 아니, 내 말을 들어봐요. 말하려고 하지 말고 듣기만 하면 돼.

한승원 : 한 가지 더 여쭙고 싶은 게, 아까 영가천도 이야기를 하시지 않으셨습니까, 그런데 선사로서의 길은 흔히 참구한다던지 깨달음을 얻는데 주력하고, 도 닦기와 그리고 도 닦으시다가 또 보임하시고 그러시지 않습니까. 그런데 영가천도 하는 일 그거하고 선사와는 무관한 일이라 하고 서로 배치되거나 그러지 않습니까?

활안 스님 : 그러면 내가 그렇게 살겠나. 한평생에 그런 생각들은 두 번째, 세 번째 조언에 불과하지. 제불성현도 천지성현도 생에 해당되는 한 초점에, 상대가 아닌 (절대의) 경지에, 거기에 연결되어가지고 생으로 표정을 드러내고 결실을 맺고, 그 생각이 하나로 계산이 맞기 때문에 그렇게 노력을 합니다. 다시 말하자면 처음 이전에는 대동태허

의 본성에 하자가 아니오. 처음에는 아무리 뜻이 커도, 노력을 안하면, 현실에 맞지 않으면 물거품이오. 한 초점이 대동 생명에 생사해탈에 계속 연결되는 거라고. 따라오라고 하면 그 사람은 선도 모르고, 병도 모르고, 율도 모르죠. 율이라는 것은 전체 온 생계에 잘 조화된 균형을 유지하는 것이고, 그 균형이 무너지면 병이고, 병이 끝나면 선이고, 선이 끝나면 마음이고, 마음이 끝나면, 마음 원리는 근거가 아닙니다. 근거가 아니라는 걸 바로 봐서 바로 쓸 줄을 아는데, 지금 내 얘기에 핵심이 있거든. 여러 사람 듣고 안 속을 사람 없다고.

한승원 : 결국은 둘이 아니고, 하나다?

활안 스님 : 대답하지 말고, 사람들이 번거로워하니까.

한승원 : 늘 스님께서 중생들에게 하시는 말씀이 초심으로 돌아가라, 그런 말씀을 하신다고 하는데, 은근히 살아가다 보면 그렇거든요. 늘, 큰소리쳐야 되고, 어떤 일을 해서 훼손되고 그러는데, 큰스님께서는 초심을 어떻게 늘 회

복하십니까?

　　활안 스님 : 초심은 대동태허라, 시작하기 이전에 초심이고, 대동태허는 초심의 두번째 마음의 표현이다. 그래서 내가 한마디 더 할게. 흰 구름만 왔다 갔다 하는 산 정상에 올라가서 보니까, 바람이 사방에서 오거든. 나를 씻어내거든. "바람아, 어찌 왔느냐?" 그러니 바람이 답하기를, "온 천지자연에, 온 생명에, 심연의 마음을 싣고 스님에게 보고 드리러 왔습니다" 그래. 그래서 내가 답하기를, "니 몫은 하나도 없구나, 나를 다 주니까, 나도 내 몫을 하나도 남기지 않고 다 주니까, 내 말을 니가 기억해라. 그래서 너 바람이 가는 데마다 전달하기를 난생 태생 습생 화생 유생 무생 유상 무상 비유상 비무상 도량내외 무진십법계 사생 칠지의 본성에 상대가 아닌 내 마음자리를 마음 지혜를 전승하라." 이렇게 말합니다.

　　한승원 : 잘 알겠습니다. 그리고 이제 이야기를 좀 바꿔서요, 스님께서 처음에 출가를 하실 때 어떤 뜻으로 출가 하셨고, 그리고 대사심리라고 합니까? 그리고 어떤 생각이

결정적인 요인이 돼서 머리 깎고 도인이 되셨는지.

활안 스님 : 내가 자세히 말할게 들어보시오. 우리 어머니 아버지가 나를 낳아 길러서 열세 살 되던 해에 두 어른이 숨을 안 쉬었거든. 아버지는 초여드레 날, 어머니는 스무여든 날 다 가고, 그 때 형이 한 분 있었는데, 말 한마디 듣고 전할 수 있는 인물이 못됐어요. 나는 그때 뭔 병이 걸렸어요. 그 때 사람들은 잘 사는 사람들이 없었어요. 그래 못 먹어서 이렇게 부어가지고, 부어 누르면 푹푹 들어가거든. 그런데 이제 어머니 아버지를 잃고 노상에서 열세 살 난 어린 몸으로 할 수 있는 일이 없었소. 그때 말로 닷새만 지나면 땅 밥이 되고, 땅 속에 들어간다고 했지. 그래서 내가 허공에다 대고 하소연을 했소.

"나를 죽이려면 뭐하러 태어나게 했소. 이 상황에 살릴 수 있으면 살려주시오. 이 나라를 구제하겠습니다."

그런데 그 다음날, 한 노인이 왔다가 내 말대로 산다고 했어요. 나를 보고 하는 말이,

"야야 내가 니 눈을 보니까, 병이 세속병이다. 내 말대로 하면 효력이 되고, 그렇지 않으면 너는 기회를 놓치는 것

이다. 소피를 먹으면 산다."

그래서 형한테 와 가지고 말했어요. 형은 내가 집을 나가는지도 생각을 못하고 있었는데, 이렇게 말했습니다.

"형님, 저는 이제 작별을 해야 합니다."

아침에 눈을 떠보니 누운 자리가 훤하거든. 그래 "나는 가요." 그러니까 자꾸 쫓아와 붙들여가요. 그래서 얼른 안 잡힐라고 그러니까 안되겠어서 그냥 순순히 잡혀가서 일단 아침밥이 못 들어가는데도 억지로 먹었어. 이제 작별이니까. 밥을 억지로 먹고, 나는 병이 들어 설사를 해서 똥을 오래 눈다고요, 그래서 한 삼십분 앉아있어야 돼요. 병을 고치는 서른여섯 가지 방법 중에 몇 가지가 있는데, 그걸 고치려고 십리 밖의 장터를 찾아갔어요.

마침 그날 장인데, 그냥 바쁘니까 난 한쪽으로 이리 비켜서 있다가 한 남자를 만났어요. 그 남자가 밥을 주는데, 절을 하고 이렇게 말했어요.

"우리 고향은 어디 어딘데, 우리 아버지 어머니가 못 살아서 이리 쫓겨와 삼년 동안 살다가 한달 전에 다 돌아가시고 이래 저래서 죽겠는데, 소피를 먹으면 낫는다고. 여기 왔으니 날 살려주시오."

이렇게 말했더니, 그 분이 슬픈 표정으로 날 봐. 그리곤 소피를 줘서 먹었거든. 대충만 얘기할게. 그 일후에 이년 만에 핏기가 돌아오고, 삼년 만에는 왕성해졌거든. 그러니 하루는 새벽 꿈에 저 북쪽 하늘에 구름 한 점도 없는데, 별에서 이런 말이 들리더라고.

"언제든 죽게 되면 내가 너를 살린다. 그래 죽는 걸 너는 걱정하지 마라."

그래, 다음날 병원에 가서 대변검사를 해보니 채소 충이 없다고 그래서 한숨을 돌렸지만, 다시 또 일이 생깁니다. 내가 여기에 오래 있으면 이 분의 직업을 이어 받으니까, 우리 집은 양반이라고 하는데 전라남도 담양 강가여서 맥을 이어오는 선산이 있거든. 그래서 이래서는 안된다.

그 길에 얼른 거길 나와 가지고, 그때부터 내가 뭐가 극성이었냐면 이런 저런 일을 해도 오래 못해요. 이럴 때 스님 같은 사람이 나를 공부 시키면 좋겠는데 그것도 잘 안 되더라고. 그런 심정으로 사는데, 스물다섯 살적에 6.25 난리가 났어요. 그래 일년 동안을 얼마나 힘이 들었는지, 다음 섣달 그믐날 절에 와서 불공을 하면 고생을 덜할까 싶어서 왔어요. 그때까지 중이 도닦는 줄은 몰랐거든. 중은 중인 줄만 알았지.

쌀을 서 말 짊어지고 와서 정월 초하룻날 아침에 공양 올려놓고 지성껏 불공을 드렸거든. 그 때 눈을 번쩍 뜨니 석가모니부처님이 보여. 속으로 "이렇게 거룩한 분을 내 평생 죽을 때까지 존경해야겠다" 했지요. 그래서 밥을 먹고 나니까 그 절의 스님이 나를 특별히 생각해. 조실 큰스님이 저게 나중에 중이 되어도 발이 안 닿도록 큰 중노릇 할 거라고.

석달 동안을 그 스님이 나한테 법문을 해주거든. 무척 좋아했는데, 석달까지는 내가 출가하겠다는 결론을 안냈어. 왜냐하면 공자님의 윤리의 은덕을 입은 내가 이 세상 사람들을 멋지게 구제해야겠다 그것이었거든. 그러니 판단이 될 수가 없지. 석달 지나고서 제행은 무상이다, 마음이 밝아지지 않고서는 그러는 것은 다 남의 것이다. 내 것은 하나도 없다. 그래서 결정을 내렸어. 그래도 중노릇을 하는데, 결정을 하기 전에 평생 처신법을 생각했지. 내가 어떻게 어떻게 살아야겠다. 육개월 살고 보니까 내가 계산이 안 맞거든. 중들 하는대로 하면 안될 거 같아. 그래서 내가 결국은 성불하는데 필요하는 소일만 해야 되겠다 결론을 내렸지. 그래서 오늘날까지 이렇게 되는 소리, 안되는 소리 하고 밥 한술 얻어먹고 이렇게 그러는게 그래 바로 이거라고.

나레이션 : 새벽 두시, 만물을 보듬어 깨워 불법을 들려주는 새벽 종소리. 참선, 정진, 그리고 다시 울력. 활안 스님만의 남다른 하루다. 365일 어느 하루도 다름이 없다. 법랍 60년 세월, 그 어느 하루도 어긋난 적이 없다. 그리고도 일 년 중 백일은 문을 닫아걸고 폐관 정진에 들어간다. 그 중단 없는 정진으로 스님이 대중들에게 일깨우고자 하는 것은 무엇일까. 백장록을 편찬한 백장 스님은 글을 쓸 때 한권 쓰고 한번 절을 했다고 한다. 조사님의 뜻에 어긋날까, 그 하심의 마음을 활안 스님은 결코 잊지 않는다고 했다. 그리고 이제 그 정진을 세계 평화로 회향하기를 간절히 서원하고 계신 것이다.

한승원 : 불국사 월산 스님으로부터 도를 받으셨고, 고산 스님하고도 교류가 있으시고 그렇다고 들었는데. 스님께서 가장 인상에 남은 어떤 한 스님과의 일화를 한편, 아주

짤막하게 한 대목만 들려주십시오.

　　활안 스님 : 대표적으로 할 말이 있다면 전강 큰스님이 계시는데, 하루는 내가 재롱을 좀 떠니까 이러셨어요.

"너 그럴라면 조사공안을 한마디 일러줄 거니까, 그걸 다 안다면 너를 선지식으로 인정하겠다."

"반문하시오. 다만 읽기만 하시오."

"무간지옥을 일러라."

고 하거든. 말 떨어지자마자 이렇게 말했지요.

"대동태허가 용암입니다."

불에 타서 죽으려고 양손에 불을 질러요. 본성은 근거가 아니고 상대가 아닌 겁니다. 그러니 이 어른이 입이 봉쇄가 됐다고. 얼른 생각을 했지. 저 양반이 그 이상의 지경(경지)이 없다. 이런 식으로 학자를 제접하면 법을 받는 사람 하나도 없다. 그러지 마라, 학자들한테 천대받소. 나는 그래, 둘이 죽는 것보다 하나가 죽는 게 안 낫소! 그것이 그래 인상에 남고, 그 나머지는 성철 스님이 하도 대학 교수처럼 왕래를 한다고 해서 가보니까 눈 안에 들어오거든. 두 번째 내가 문답을 하기 전에 그 생가를 부셔버렸다고. 그 어른이 나를 만나고 몇 달 안돼 입적하셨어요. 두 번째 내가 못 찾아 뵌 것이 아니었고, 사실은 뜻과 뜻이 연결된다는 것은, 정한 스님 그 어른이 나하고 뜻이 연결되었거든요. 스님은 처음에 만나자 마자 인사 끝나고 나니까 하는 말씀이 이랬어요.

"활안."

"예."

"지금은 아무도 너를 안 알아주지만은 때가 오면 천지가 너에게 광명을 놓는다."

그러시는 게 기억에 남아있고요.

한승원 : 가령, 스님께서는 흔히 용맹정진이라고 그러죠? 아주 많은 시일동안 말없이 도를 닦고 그러시는데, 그러시면서 스님께서는 어떤 큰 번뇌에 빠지거나 절망하시거나 그런 적 없으십니까?

활안 스님 : 그래 더도 말고 내가 거짓말로 답을 했대. 스물 네 시간 시계바늘의 돌 적에 그 목표와 근거가 단번에 밝아진다.

한승원 : 흔히 사람들이 대오각성 깨달음을 얻었다 그러지 않습니까? 그런데 대개 무식한 중생들은 잘 모르거든요. 중생들이 알아들을 수 있도록 깨달음의 모양새를 손에다가 잡혀보게 해 주실 수 있는지요?

활안 스님 : 듣거라, 우선 밝아야 한다. 밝지 않으면 근거가 없다. 아무리 천지지간 우주는 모든 생명의 초점이 우선 밝아야 한다. 시선의 식별이 돼야 뒤처리가 가능하다. 그것만 간직할 줄 알면 그 사람은 이미 고통에서 면제 되는 거예요.

한승원 : 요즘도 어떤 화두를 들고 거울을 닦고 그러십니까? 늘 살다보면 거울에 때가 끼고 얼룩이 그려지고 그러지 않습니까. 그러면 그 얼룩을 어떻게 닦으십니까?

활안 스님 : 앉을 때나, 잠에서 깰 때나 본성이 연결이 안 되면, 아니다, 난 그렇게 산다고.

한승원 : 아까 스님께서 마음, 마음 하셨거든요. 결국은 도

를 닦고 또 닦고 하다보면 결국은 마음이라는 것에 귀착되게 되는데, 마음공부라는 것을 어떻게 한다는 겁니까?

활안 스님 : 그 말 그대로 근거가 없이 단번에 밝아지면 내 심성이 천지를 창작해서 끝도 없는 대 자연의 문을 활짝 열어서, 만덕진상을 펼칩니다. 내 타고난 심성의 양은 천지 자연의 공급이 다 해도, 측량해도 줄어지지도 않아요. 그러니 본성이 항상 명심하면, 하루 종일 한 생명이 대동태허에 꽉 차게 되니까, 우선 밝아 놓고 보자, 근거가 없이 밝아놓고 보자 이겁니다. 본인의 개성의 중심이 딱 서면 근데 거기에 거의가 하자가 있다고요. 거의 다 다 어둡더라고.

한승원 : 그러면 제가 스님의 말씀을 이렇게 정리해도 될지 모르겠습니다. 마음이라고 하는 것은, 우주를 새롭게 만들어가는 씨앗이라고. 그래서 그 씨앗을 공부하는 것이라고, 이렇게 정리해도 되겠습니까?

활안 스님 : 말이 되기는 되는데, 그래도 마음이 정해지기는 어려워요. 고기 잡을 줄 모르는 사람은 둑을 막고 물을

퍼내면 고기가 잡혀지듯이, 내 힘으로 그런 것이 아니다. 단번에 밝아지는 게 목표다. 그 외는 없소. 이 말이라면 삼세제불도 이 말에 의존해야해. 여기서 나온 거야. 이 법으로 활용하고.

한승원 : 저는 살아오기를, 두 개의 도를 가지고 살면 좋다. 하나는 거울이고, 귀감이고. 하나는 타산지석, 숫돌이고, 내 칼을 가는 돌이고. 이 두 개를 가지고 살면 된다. 그래서 저는 부처님 말씀으로 거울을 삼고, 여러 도사님들의 삶을 거울로 삼고, 그리고 막행막식 하는 거짓된 그런 사람들의 삶을 숫돌로 삼아서, 제 마음의 칼을 다지는 곳에 사용하는데, 큰스님께서 늘 이렇게 말씀하셨다고 들었거든요. 자기 식대로 공부하라, 그것은 곧 스님들이 공부해 가는 방법, 부처님을 만나면 부처님을 죽이고, 조사를 만나면 조사를 죽이고, 결국은 내가 남게 해야 된다. 결국은 자기식대로 공부를 해야 된다, 그런 말씀 아니겠습니까. 그렇다면 스님은 어떤식으로 자기식의 공부를 이야기 하십니까?

활안 스님 : 근거가 없이 단번에 밝아야 한다는 것이 목표다. 그 내용이 숫돌이 되고 거울이 되고 지랄도 되고 요랄도 되고 그러는 거다. 다른 소리하면 안돼.

한승원 : 우리들이 공부하면, 그리고 스님께서 큰 도를 닦으시고 깨달음을 얻으시면, 그것을 중생들에게 돌려주어야 하지 않습니까? (수행자는 누구든) 회향을 해야 하는데, 스님께서는 어떻게 회향을 하시고, 그리고 또 찾아와서 회향의 방법에 대해서 묻는 제자들에게는 어떻게 회향을 하라고 가르쳐 주십니까?

활안 스님 : 바람은 가는 데마다 슬픈 사람한테도, 기쁜 사람한테도, 이런 사람 저런 사람, 다 전도(傳道)를 해주거든. 태양도, 물도 그렇고. 우리가 숨을 내쉬고 들이쉬는 산소호흡의 원리도 그렇고. 현실에 우리도 그렇게 다 연결되어 있거든.

한승원 : 어느 글을 읽어보면요, 하늘에 별이 있는 게 아니고 내 눈이 별빛을 낳는다, 그러거든요. 그러니 말하자면,

그것을 어떤 스님의 말을 빌리자면 부처님의 눈으로 보면 부처님이 보이고, 돼지의 눈으로 보면 돼지로 보이고. 뭐 그런 얘긴데 스님께서 스님의 눈으로 세상 한 순간을 보니까 어떻게 보이십니까?

활안 스님 : 내가 이름이 활안이거든. 일단 활안 가운데서 시작이 된다. 밝은 사람이 근거가 없는 마음, 근거가 없는 원명(圓明)에 해당되거든. 내 한 생각에 우주 만유의 한 생각이 표현되어 있는 것이요, 결국 다 연결되어 있다고.

한승원 : 그것을 원효 스님이 이야기 하신 일심이나, 일미(一味)라는 말로 이해해도 되겠습니까?

활안 스님 : 그것은 본인이 생각하기 나름이지, 왜 나한테 물어보고 어디다 써먹으려고 그러나?

한승원 : 뭐 하러 그러긴요, 공부하려고 그러지요.

한승원 : 제가 우러러보는 스님들 만나면 제가 항상 묻고

있는 게 있습니다. 스님께서 지금 입고 계시는 옷이 아주 깨끗하고 새 옷같이 보이거든요. 흔히 납자 그러면, 스님이 깨작깨작 쥐 옷을 입고 안 그렇습니까? 그런데 깨끗한 옷을 입고 사시면서 좀 부끄러운 생각이 안 드십니까?

활안 스님 : 그렇게 생각하겠지. 내가 그런 생각할 시간이 있나. 나 바쁜 사람이라 부끄러워 하겠나. 내가 본질에는 옷을 입은지, 벗었는지 모르는데. 제 삼에 와서나 느끼지.

한승원 : 또 한 가지만 묻겠습니다. 대개 바둑으로 치면요. 일급을 둔 사람은 사급 둔 사람이 하찮아 보이잖아요, 우습게 보이고. 가령 활안 스님은 높은 깨달음을 얻으셨는데, 저같이 혹은 깨닫지 못한 중생들이 오면 하찮아 보이고, 가엾어 보이고, 상대할 사람이 못 된다, 그렇게도 느껴지고, 어떤 그 자기 오만 같은 것에 빠질 때도 있습니까?

활안 스님 : 내 본성이 하자가 없기 때문에 상대방을 업신여겨 볼 시간이 있어?

한승원 : 그러면 제가 좀 함부로 여쭙겠습니다. 첫눈에 제 눈빛이 활안 스님을 만들 수도 있잖습니까? 아까 제가 제 눈빛이 별을 만든다고 했듯이.

활안 스님 : 재롱 한번 떨어봐.

한승원 : 재롱이라 말해주셔서 감사합니다. 그래서 제가 함부로 말씀을 드리고 그랬는데, 함부러 말씀을 드려야만 좋은 말씀을 얻을 수 있을 것 같아서, 여러 시청자들을 위해서 그랬습니다. 혹시 서운한 마음 있으면 제가 지옥살이 하게 해주십시오.

활안 스님 : 그럴 리가 있겠나. 온갖 반찬 한꺼번에 다 먹고 내놓을 적에 하나로 다 내놓는데.

한승원 : 내일 모레 금방, 우리 설도 돌아오고 지금 경제도 어렵고, 이 세상 지진도 해일도 나고 그래서 수없이 많은 사람들이 죽어가고, 뒤숭숭하고, 남북 핵 관계도 있고, 그렇지 않습니까. 장사도 잘 안된다고 그러는데, 이런 속에

서 우리 설 명절을 맞이하지 않아요? 그런데 그 어려운 속에서 설 명절 업고 어렵게 살아가는 중생들을 위해서 좋은 말씀 한 말씀 해 주십시오.

활안 스님: 하나는 쉬운데. 어려운 상황은 내가 좋은 일을 성취 할 수 있는 공백이 되고, 그 내용이 끝내는 결실을 맺을 수 있는 선지식, 스승이다. 그러면 될 거야.

한승원: 이제 끝마치겠습니다. 끝마치는 마당에 그 결말이 될 수 있는, 여태 한 얘기 중에 결말이 될 수 있고, 더 좋은 세상을 열 수 있는 그런 말씀을 해 주십시오.

활안 스님: 내가 앞으로 해결 해야겠다 하는 것은, 국제 정세상 동아시아와 우리 국내에 제발 한계가 없는 지혜가 다 연결되었으면 합니다. 천지자연이 불확실해서 못 사는 것이 아니고, 사는 생산법을 몰라서 서로 다투고 그러는데, 그러지 말아야 합니다. 본성은 하자가 없이 마음이 안정이 되어서 전체 국민이 단합이 되고, 또 그런 내용은 온 국민과 국정을 이끌어 나가는 사람들의 모자라는 지혜가

보충이 되고 덕이 밑받침이 됐으면 하는 뜻에서 내가 하고 싶은 말은 통일입니다. 통일 기념한 대 사찰이 해인사 두 개 보태도 더 크도록 하나 지어서, 통일 서광사 있잖아. 그렇게 하고 내부에는 팔만대장경을 동판으로 2부 조각하고, 목판으로도 2부 조각하고, 대웅전 뒤에다가 목판 두판을 하고, 모든 생명이 정상으로 태어나도록, 팔만대장경을 지하에 헌공한다. 그럴려면 제불성자야, 이러기 전에 대동태허에 이어져 가려면 내 말 제발 들어서 발원이 계속 매스컴을 타면 된다고. 통일 대동사찰을 하나 짓는 대불사 하나가 생기도록 하는 그것이 숙원이요.

한승원 : 조계산 천자암 활안 스님과 함께 한 시간이었습니다.

불교TV, '산중대담 선지식을 찾아서', 2006년 10월 11일 방영